211年の歴史が生んだ

ピクテ式
投資セオリー

Pictet's Investment Philosophy

PICTET

萩野琢英 Takuhide Hagino

幻冬舎

２１１年の歴史が生んだ
ピクテ式投資セオリー
Pictet's Investment Philosophy

はじめに

私が働いているピクテという会社は一般にはあまり知られていません。しかし、世に言う本当のお金持ちは誰でも知っている、何とも不思議な金融機関です。

その活動は厚いベールに覆われ、世界の金融業界でも神秘的な存在感を放つプライベートバンクです。

プライベートバンクとは富裕層に特化した金融サービスで、通常ほとんどが商業銀行や証券会社のプライベートバンキング部門、またはそれらの子会社を通じて展開されています。しかし、ピクテはプライベートバンクが本業の金融機関です。母体がプライベートバンク専業である金融機関は非常に貴重な存在と言えます。日本国内では同様の金融機関は存在していません。

その歴史は日本の江戸時代、１８０５年まで遡ります。プロテスタントの本拠地、スイスのジュネーブに設立され、以来２１０年を超える歴史の中で、幾多の経済危機に直面しながらも投資家の資産を守り続けてきました。

また、ピクテは設立に王侯貴族が関わるなど、貴族社会との関係が深いことも特徴と言えます。経営陣も欧州の名家出身者が多く、その気品ある活動は貴族が行う貴族のためのプライベートバンクと呼んでも過言ではないでしょう。

ピクテの顧客になることも一種のステータスで、誰もがピクテの顧客になれるとは限らないようです。このため、プライベートバンクの格としては最上位に位置づけられています。

私がピクテに入った当初の印象は、「たいして営業もしていないのに……人からの紹介客を待っているだけのようなのに……資産額が増えている不思議な会社」でした。事実、私の知る当時のプライベートバンカーは「営業はしない」と豪語していたものです。日本の金融界の常識に照らしてみると、今でも「営業はしていない」と言えるでしょう。

それでも私が入社した2000年当時に10兆円程度であったピクテの資産管理運用額は、2016年3月末には約50兆円になっています。合併や買収を行ったわけでもないのに、世界中の資産が集まってきているのです。

それはピクテ211年の歴史の中で培った投資手法が、世界の投資家を引き寄せたからと考えています。

経営陣であるパートナー自身が頭のてっぺんから足のつま先までプライベートバンカー、という金融機関も少ないでしょう。彼らは実際に顧客を担当して資産の管理運用に直接関わっているのです。

また彼ら自身も昔からの資産家ですから、自分の資産の保全も積極的に考えています。その運用は他でもないピクテに任せていますので、彼らもいわば顧客の一人です。自社の運用能力が自身の運用成果にも直結しますので、強固な資産運用体制を構築するために真剣そのものです。

そんなピクテに入社して16年。私はピクテで働く前からロンドンやニューヨークで多くの外国人ファンド・マネジャーと仕事をし、ヘッジファンドの運用にも携わったので、「海外はどこも同じ」と高を括っていましたが、ピクテのパートナーから教わったことは今までとは全く違う異種の考え方でした。

当初は商品開発担当者として、今では本社のエクイティ・パートナー、いわゆるピクテの番頭格の一人となって、外部には公開されない運用ノウハウに触れることを通じて、そのベールの内側を覗き続けてきました。おそらくアジア人としては私が初めて、彼らの考え方の奥深くまで触れていることになります。

その資産保全のノウハウは文書化されることなく、パートナーからパートナーへの直接のコミュニケーションを通じて伝達されてきました。211年間で歴代のパートナーはたったの41人。一度就任すると少なくとも20年以上その職にあることで高い結束力を構築し、過去の経験則をDNAのように継承してきたのです。現在のパートナーは6人、少数のパートナーによる緊密なコミュニケーションがなしえた業と言えましょう。

その中で連綿と受け継がれてきたのは、長い経験に裏打ちされたいわば「哲学」です。詳しくは本書で説明していきますが、簡単に言えばそれは、「けっして欲張ることなく、徹底した分散投資を長期にわたって実践する」というものです。

日本人にとって資産の保全がますます難しい時代になってきました。金利はマイナスあるいは限りなくゼロに近くなる一方で、国が目標とする物価上昇率は2%と、実質金利マイナスの環境が政策として高々と謳われる時代に突入したからです。

とはいえ資産を運用するにしても、外貨建て資産の運用収益率を押し上げていた円安も、2016年2月のマイナス金利政策導入直後に大幅な円高になるなど、今までと状況が違ってきているようです。また、国内で探しても、それほど魅力的な投資先は多くはありません。

かつては物価上昇に強い資産と言われた国内の不動産にしても、長期投資の観点では高い収益を上げることは難しくなると思われます。近年、アパートやマンションへの投資が持てはやされていますが、インカムゲイン（家賃収入）はともかくキャピタルゲイン（値上がり益・売却益）を得ることはそう簡単ではないでしょう。なぜなら、潜在成長率の要である人口が減少を続けているため、アパートの借り手、宅地の買い手が減少するからです。

日本は2020年以降、10年間で総人口が800万人以上減少する人口ダウンサイジングの時代を迎えます。その収縮のスピードは凄まじく、厚生労働省の直近の推計によると、2050年には1億人を割り込み9708万人に、その後もさらに減少を続け2060年には8674万人を切ると推計されています。人口減少によって国内の総需要が拡大しない経済への投資ほど、難しいものはありません。

このような投資環境において、資産保全を成功させていくには少なくとも10年先を見通す目を持ち、あらゆるリスクを想定してポートフォリオを構築することが不可欠です。

本書では、独自の「欲張らない投資」「ちょっと欲張った投資」「育てる投資」「スパイス的な投資」という観点から、預金を含めた資産の全体設計の考え方や今後の金融情勢の見通し方、数々のリスクを抑える方法など、ピクテ式投資セオリーを余すところなく紹介しています。

長い歴史の中で培ったピクテならではの考え方が、大切な資産を保全する一助となれば、著者としてこれに勝る喜びはありません。

目次

Chapter 1 「ピクテの運用哲学」とは何なのか？

Chapter

2

歴史は繰り返す。10年先を見据えて日本人が資産保全するための「基本原則」とは?

Chapter 3

預貯金を含めた「資産の全体設計」の構築手法

Chapter

4

インフレ率程度の利回りで十分。「欲張らない投資」で、預貯金の価値目減りに対抗する

Chapter

5

程よいリスクで程よいリターンの「ちょっと欲張った投資」で長期分散投資に一歩踏み出る

Chapter 6

長期保有で着実にリターンを得る「育てる投資」で「物価との戦い」に勝つ

Chapter

7

「スパイス的な投資」は、少額で大チャンスを狙う

Chapter

8

投資家は永続的な資産保全を目指すべし

装丁／菊池祐（ライラック）

Chapter 1 ——「ピクテの運用哲学」とは何なのか？

211年の歴史が培った「運用哲学」との出合い

私がピクテの日本法人であるピクテ投信投資顧問に入社したのは2000年1月、当時はプライベートバンカーとして働こうと考えていました。しかし、意に反して年金業務に携わることになったかと思うと、次第に商品開発、個人向けの投資信託業務も行うようになり、そのうちパートナー（共同経営責任者）に呼ばれジュネーブ（本社）に2年近く単身で赴任。そして日本に帰国後、「いつの間にか社長になってい

た！」というのが現在です。

ピクテ入社前を振り返ると24歳からロンドンとニューヨークの金融市場で8年仕事をしていたので、ピクテに入社するまでは金融と言えば英米だと思っており、いわゆるアングロサクソン第一主義でした。もともとピクテについての深い知識もなく、「プライベートバンクとしての名門、本社はジュネーブだったっけ？」という程度の

理解でした。正直ちょっとスイスの資産運用力を見下していたふしもあったかもしれません。「守秘義務と節税スキームで資産を集めている金融機関」くらいに考えていました。

しかし、ピクテでパートナーと一緒に働けば働くほど、英米や日本の金融機関が到底追いつけないであろうその凄みが分かってきました。

ピクテの本社があるジュネーブは人口20万人弱の小さな都市です。欧州の大都市から遠く離れたこの地方都市に、２１０年以上前から王侯貴族の資金が、今では各国の富豪や機関投資家の資金が集まり、運用されているのです。富裕層と言えば、最近話題のパナマやバミューダ諸島などにも資金が移されたりしますが、一般的にそこで運用されることは少なく、運用指図はロンドンなど大都市から行われるケースが多くあります。

ピクテは自らの運用力で国外から資金を獲得します。言い換えればピクテの運用力を求めて世界中から資金が集まっているということです。私が入社した２０００年当時の資金の管理運用額は13兆円程度でした。それが２０１６年３月末には約50兆円規模に達し、15年で資産を約4倍に増やしたことになります。この間、無理に資金を集めたり、他の金融機関のように買収・合併による規模の拡大策は行っていません。

ピクテは日本の江戸時代にあたる1805年に設立されましたが、依然として成長を続けている企業なのです。過去210年以上にわたって多くの戦争、金融危機などから顧客の資産を保全してきた実績を有し、その実績に裏打ちされた資産管理運用の仕組みがまさに、成長の源泉と言えます。

豊富な運用実績と最先端技術のコラボレーション

入社してからは当時の社長、岡崎義晴氏から運用の哲学やプロセスなどを学びました。岡崎氏は外資系運用会社における日本人ファンド・マネジャーの先駆者です。1990年代初頭、私が山一證券のロンドン現地法人で働いていた時に、現地で運用業務をされていた岡崎氏に初めてお会いしました。氏はグローバルに展開する独立系の大手運用会社、フィデリティに長くお勤めになった後、1997年からピクテで社長を務められていました。

私が転職を考え始め、「プライベートバンカーとはどんなものか？」とピクテを訪ねたその日に岡崎氏が出てこられて、面接もなく入社が決まってしまったことを今でも覚えています。1999年の冬頃です。

その後、運用に関して本当に様々なことを教えられました。証券会社のアナリストや営業として運用会社と取引した経験はありましたが、実際に中に入って仕事をしたことはなかったので、全く勝手が違ったのです。

ジュネーブでは運用総責任者でパートナーのルノー・デ・プランタとプロダクト・マネジメント部門トップのロルフ・バンズから運用商品を組成・育成・分析するためのプロダクト・マネジメント手法を徹底的に指導されました。

ロルフは自ら立ち上げ経営していた運用会社を米国の大手運用会社、アライアンスに売却、その後ピクテで商品の開発と運用モニタリングの総責任者としてプロダクト部門を指揮していました。金融学で名高いシカゴ大学で教授をしていたほどの知識人でしたので、働いていたというよりも「ファンド・マネジャー、商品開発やリスクマネジメント担当者に教鞭をとっていた」と言ったほうが適切かもしれません。厳しいですが愛情も深い方で、今でも家族ぐるみのお付き合いをしています。

パートナーのルノーもシカゴ大学でＭＢＡを取得していますから、彼らはシカゴ派と言えるかもしれません。ルノーはピクテに来る前はＵＢＳ証券のロンドンでデリバティブ部門の総責任者をしていました。金融の先端技術、特に債券運用の分野に精通しており、彼から吸収したこの分野の知識は後の商品開発に非常に役立ちました。年齢は私の１つ上、まさしく文武両道をこなす人物で、一緒にスキーに行った折には、プロスキーヤーのような彼の美しいフォームに圧倒されたものです。

彼らが２００４年に組成したマルチアセット・トータル・リターン運用は時代の10年先を行き、今やっと時代が追いついてきた商品と言えます。自社の様々なヘッジファンド運用を組み合わせて、市場の価格変動の影響をほとんど受けずに価格を安定させつつ、短期金利に年率４％をプラスした収益率を目標とする運用を行う画期的な絶対収益型運用商品です。組成された当初は、ヘッジファンド運用部門を有していなかったピクテが、独自に、しかも一度に10以上のヘッジファンド運用を立ち上げたのですから、外部からは懐疑的に見られたものですが、リーマン・ショックの際にもその影響を最低限に抑え、運用開始以来安定したパフォーマンスを挙げています。これは最先端の分散投資技術を取り入れたのに加え、ピクテの過去の経験から流動性リスクを避ける運用を行っていたからです。

流動性リスクとは、通常の市場環境ではあまり問題ないのですが、一度市場に何らかのショックが発生した際に売買がしにくくなったり、価格を大幅に下げないと売却できなくなるリスクです。リーマン・ショック時にはいろいろなヘッジファンドがこの流動性リスクに直面し、運用収益を大幅に悪化させました。

この商品はマイナス金利の時代になってから投資家の需要が殺到し、売り切れになるほど成長しました。何よりも重要なのはこの商品によってピクテの運用力が底上げされたことです。ピクテはそれまで名だたるヘッジファンドのスポンサーとして古くから投資を行ってきましたが、自らヘッジファンド運用を行うことは非常に稀でした。

それが二桁以上の優良なヘッジファンド運用を提供する運用会社として、２０１５年にはベスト・オブ・欧州ヘッジファンド運用会社（出所：Hedge Funds Review）に選ばれるほどになったのです。

時代の10年先を見越し、信念を持ってこんな商品を開発・組成できる先見の明があった証しといえるでしょう。

伝統ある企業ほど昔にこだわるかもしれませんが、ピクテは金融の最先端技術を積極的に取り入れて２１１年の伝統とコラボレーションさせることで、資産管理運用を強化してきているのです。

長期運用パフォーマンスの源泉、「ピクテ・バリュー」

一方、私がジュネーブに滞在していた時のシニア・パートナーでピクテのトップであったイワン・ピクテからは、人への接し方など、ピクテが求める行動特性を教え込まれました。ピープル・マネジメントの基本を学んだのです。イワンは大の日本びいきで、ピクテ投信投資顧問の歴史はイワンが1981年に東京に事務所を開設した時から始まっています。前述したロルフ同様、厳しいですが愛情も深い人です。私がゴルフを好きなことを知っていて、夕方、こっそり会社を抜け出してジュネーブのゴルフクラブ、クラブ・デ・ジュネーブに連れていってくれたものです。

パートナー制で運営されるピクテは、会社の組織も一般的な金融機関とは異なります。ピクテの事業は大きくプライベートバンク、アセット・マネジメント、資産管理サービスの3つに分かれています。それぞれの事業にパートナーがいて、その下にいわゆる番頭格のエクイティ・パートナーがつきます。この関係は長く続き、パートナーが引退する頃にはこの番頭さんも引退していきます。

ピクテのパートナーは全員、裕福なファミリーの出身者です。先祖がフランスの貴族階級であったことを示す「de」が氏名に付くパートナーも少なくありません。だからこそ私利私欲に走らず、金儲けにも興味が薄い。それよりも、名誉職についたという受け止め方をするので、常に信用を第一に考えて行動するのです。

そのため、強引な規模の拡大を求めることもしません。金融機関に買収はつきものですが、ピクテの211年の歴史の中では、買収したことも、されたことも一度もありません。それでもすでに紹介した通り、2000年に約10兆円だった運用資産が2016年3月末には約50兆円まで増えました。それでいて、ガツガツと儲けようとするところがない。地道に着実に資産を増やしてきた結果、今に至るのです。

そんなピクテには、「ピクテ・バリュー」と呼ばれる社是があります。その内容は以下の4つです。

1. 独立　Independence
2. 卓越　Excellence
3. 誠実　Integrity
4. 尊重　Respect

　この4つは顧客からの信頼を得るために重要な考え方、顧客第一主義の行動原則です。独立心がないと、いざとなった時に顧客を守れない。市場が大きく荒れた時などには横並びではだめで、勇気を持って独自の投資行動を行う。それを実行するためには卓越した知識、体力、精神力が必要とされる。その際の基本姿勢は、誠実に相手を尊重していなければならない。この4つのバリューを備えていない社員は出世できませんし、そもそも採用もされないでしょう。

　私自身、初めてピクテ・バリューを知った時、この企業は本当に言葉通り実践しているのだろうかと疑問に感じたものです。なぜなら私が山一證券に在籍していた時の社是は「顧客とともに繁栄しよう」でしたが、ご存知の通り、同社は顧客と繁栄することなく廃業してしまいました。

　顧客とともに繁栄することは実は金融業では大変なことで、自分たちより先にお客様に儲けていただいて、そこから利益をいただくという考え方が徹底していないと「顧客とともに繁栄」することはできません。しかし、ピクテではこうした考えが実際にカルチャーとして深く根ざし、顧客への運用パフォーマンスを提供する重要な仕組みの一つとなっているのです。

独立、卓越、誠実、尊重という4つのピクテ・バリューは、社員に求められる重要な行動特性になるので、人事評価システムに組み込まれ、上司が毎年行う業績評価ミーティングでフィードバックを個別に行います。弱い部分は改善が求められますし、必要があればトレーニングプログラムが提供されます。

また、社員の定着率も高く、それが企業全体の文化として深く根付いています。離職率は年間5%以下と、他の外資系金融機関の4分の1程度です。

投資は投機と違い、長期分散投資をしっかり行うことが基本となりますが、実は長期投資というのは簡単ではなく、多くの投資家は様々な不安定要因によって実行できていません。

それは、投資家側だけでなく資産を管理・運用をする側にも起因しています。ピクテは顧客のパートナーとして、長期運用の仕組みを2世紀以上にわたって築いているのですが、ピクテ・バリューはその中核になる考え方といえます。

スイスは財政的にも非常に健全なAAAの国債格付け（日本はA）を有し、永世中立国としてテロを受けるリスクも少なく、ピクテ自体の財務体質も盤石な上に信用できる社員が顧客に長期資産運用サービスを提供しています。「長期投資には長期に耐えられる器が何よりも大事である」。この考え方が、ピクテの経営哲学の根幹を成すものであると言えます。

パートナー制がもたらした80年前の経験

ここであらためてピクテのパートナー制について紹介しましょう。まずは、「サロン」と呼ばれる毎朝の会議からして独特です。一般的な会議では「今日のテーマは○○です」という議題を配布しますが、それをあえてしません。一見すると毎朝コーヒーを飲みながら悠長に雑談しているようにも見えます。

パートナーたちが集まる円卓のある部屋。ある日突然そこに呼ばれ、資料を何も持たないまま報告をさせられたこともありました。そこで受けた鋭い質問の数々、日本の業務については知らないはずなのに、20分ほどで私は丸裸にされた気分になりました。書類から情報を得るよりも担当者と直接議論しその根幹を探ろうとしてきますから、出席者は大変です。リスクマネジメント部門のトップは、ミーティングに出席する時は2、3日がかりで準備すると言っていました。

また、パートナー間では徹底した情報共有が図られています。あるパートナーに報告した案件が、翌日には別のパートナーに伝わっており、「ハギ、あの件はこうだね」と声をかけられたことがあります。このようにオープンな経営体制なだけに派閥政治は起こりません。また派閥をつくろうという人は排除されます。

毎朝のミーティングには、経験豊富なパートナーが若いパートナーを教育し、知恵や経験を共有する目的もあります。2016年現在のパートナーの年齢は60代、50代、40代、30代と年代が分散されており、円滑な業務の継承が行える体制になっています。パートナーの平均在任期間は21年、非常に長期にわたり経営に参画します。普通の金融機関の4~5倍の長さと言えるでしょう。

211年で歴代のパートナーは41人のみ、戦後の日本の総理大臣の数よりも少ないのです。

また、引退したパートナーたちは国連の年金基金理事長などの要職についており多忙な毎日を過ごしていますが、社内にはいまだに執務室が残されています。退任後も週に何回かは出社し、自分たちが体験したことや先代のパートナーから引き継いだ事柄などを伝える役目も果たしているのです。ただし、元パートナーは経営には一切関与しないという暗黙のルールがあります。

このようにして、各年代のパートナーがそれぞれ長期間在任し、また退任後もアドバイスを行い、途切れることなく経験のバトンを受け渡しているのです。211年にわたって引き継がれてきたパートナーたちの英知には、即時的なマニュアルにはない圧倒的な力があります。

このような逸話もあります。私がピクテ本社にいた2008年9月、リーマン・ショックが起こりました。当時ピクテも保有していた欧州企業のABS（資産担保証券）は格付け最上級のAAA格にもかかわらず売り一色。1対1の相対取引なので、価格が100の証券も、ブローカーに値段を聞くと80、実際に売りに出すと60まで下げなければ買い手がいないというありさまでした。

そんななか、グループ全体の信用管理をしていたパートナーのルノーに、元パートナーが助言したのです。

「次はソブリン（国債）・リスクだぞ」

リーマン・ショックの影響で企業の発行する債券（社債）が値崩れしていたわけですが、それが一巡すると次は国債に影響が起きるから注意せよ、との警告です。その元パートナーは、昔先輩のパートナーから聞いた、1930年頃の世界恐慌の際の話を覚えていたのです。

実際、その後ギリシャ財政の危機が表面化し国債価格が急落、欧州債務危機が始まりました。ギリシャにおける国債市場の動揺は周辺国へ飛び火してポルトガル、アイルランド、スペイン、ベルギー、そしてフランスにまで広がり、多くの金融機関は膨大な損失を抱えることになったのです。

しかし、この元パートナーの助言のおかげで、ピクテは欧州債務危機が表面化する前にそれらの国債を売却することができました。ピクテはフィッチ・レーティングスの信用格付けでＡＡマイナス（２０１６年9月時点）を取得していますが、リーマン・ショック後もこの高格付けを維持している、わずかな金融機関のうちの一社です。

リーマン・ショック時に多くの金融機関は事業の縮小や従業員のレイオフ（一時解雇）を余儀なくされましたが、経営と運用成果が安定していたピクテのプライベートバンク事業には個人から過去最高の資金が流入しています。

投資の世界では30年、40年、50年、１００年というような長い単位で同じことが繰り返されることがあります。１９３０年頃に起こった世界恐慌は様々な文献に載っていますが、それを実際に体験した人の話を、今の世代に伝える仕組みを持つ金融機関は、ほとんどありません。私はこの経験を通じて、パートナーがつないできたバトンがいかに貴重かを思い知らされました。

短期的な利益を追ってはならない

ピクテの最も大切な仕事は資産の保全——つまり、顧客の資産を増やすことよりも、守ることです。大きな変動を繰り返す市場の中で、なぜそれが可能なのか。答えは、ピクテという会社の成り立ちを辿ることで見えてきます。

前述の通りピクテの特徴の一つはパートナー制です。パートナーに任命されると、インタレスト（持ち分）を購入して共同で事業にあたります。特徴的なのは、インタレストはパートナーになって購入する時も、退任に伴い売却する時も、簿価で評価されることです。一般的な企業では経営陣に自社株がインセンティブとして与えられ、業績を飛躍的に向上させれば株価も大きく値上がりし、莫大な利益を手にすることになります。

しかしピクテにおいてその価値は常に簿価のため、業績を向上させたからといって値上がり益を手にすることはありません。なぜこのような仕組みになっているのかというと、短期的な利益追求を避けるためです。

金融ビジネスが採用するインセンティブ・スキームでは、ビジネスを短期的に捉えがちです。例えばヘッジファンドなどでは、数年ほどの短期間で荒稼ぎして大金を手にしたスタッフが辞めてしまうことがよくあります。一方でピクテのパートナーたちは、そうした短期的なビジネスでの成功は目指しておらず、常に次の世代を見据えた長期的な観点で経営を行っているのです。

ピクテが常に長期的な観点で経営を行っていることを示す、印象的なエピソードを紹介します。

私が入社した2000年頃のピクテ投信投資顧問の運用資産残高は1000億円程度で、その後2年ほどなかなか運用資産は増えませんでした。知名度もありませんし、運用資産が少なすぎるので、どこの販売会社もピクテのファンドを取り扱おうとはしなかったのです。

ところが、2003年にバイオテック・ファンドという新商品をヒットさせることができました。わずか半年ほどで1000億円以上の運用資産を集めたのです。基準価額が上がると大量の利食い売りが出て、その後半年で資産は500億円に縮小してしまいましたが、短期間に500億円運用資産を増やすことができたのは、驚異的な成果だと思っていました。

そんななか、当時のパートナーだったイワン・ピクテが来日し、ミーティングが行われました。私は当然、イワンに褒められると思っていましたが、イワンは「お前のやっていることは運用のビジネスではない」と言うのです。

「一度に大金を集めるのではなく、少額でいいから毎年地道に積み上げていってほしい。ピクテのファンドは短期間にお金を集めて売り買いするものではない」

彼は同じことを、顧客である販売会社の前でも繰り返し述べていました。これは批判とも受け取れる言葉だったのですが、顧客は怒るどころか、会社の哲学を真剣に語るその姿勢に感銘を受けていたことを鮮明に覚えています。

後から知ったことですが、当時、ピクテ投信投資顧問は慢性的な赤字会社でした。

ピクテが日本へ進出したのは１９８１年ですが、黒字化したのは23年後の２００４年。バイオテック・ファンドを売り出したのは２００３年11月です。当時は10万円の物品を買うにも社長決裁が必要なほどの赤字会社で、パートナーたちが損失を補てんしている状態だったのです。しかしそれでも「急いで黒字化しろ」などとは言わず、無理のないビジネスを行いなさいとイワンは言ったのです。

後に彼は私に、「我々が長期的な観点から経営を行わないと、顧客に長期分散投資をしてもらうことができないからだ」と教えてくれました。あくまでも長期投資が基本であり、短期的な発想で資産を運用し続けると、その後それほどの成果は顧客に提供できないという経験則が背景にあったのです。投資家をいかに長期投資に導けるか、それは運用会社の責任でもあるのです。

灰色のアウディと赤いフェラーリ——質素倹約のピクテ

顧客本位で長期的観点から経営を行うことは容易くありません。そのため、とにかく堅実に経営を行うのがピクテです。

ピクテ・グループの管理資産残高は約50兆円（2016年3月現在）に達していますが、その規模に似合わない質素倹約ぶりも徹底しています。その一例として挙げられるのが、移動の際の飛行機です。グローバルにビジネスを展開する金融業界では、トップの移動に自社が所有するビジネスジェットが使われることも珍しくありません。しかしピクテのパートナーは、国外出張の際は原則として民間航空会社のビジネスクラス、欧州域内の移動にはエコノミークラスを利用するのです。

トップがエコノミークラスで移動しているという姿勢に、会社設立時から脈々と流れる質素倹約の哲学が表れていると言えるでしょう。

質素倹約の哲学は、日常的に働く中でも様々な場面で感じることができます。例えばプライベートバンカーが業務で使う代表車種は、どのような場面にも溶け込むグレーの小型セダン、アウディA4。さらに小型のA3を利用するパートナーすらいるのです。ピクテ本社のある欧州ではアウディはあくまで一般車、日本におけるトヨタやホンダのようなものです。

私がジュネーブ本社に勤務していた時には、さらに象徴的な出来事がありました。ジュネーブでの通勤や移動はトラム（路面電車）が使われることが一般的ですが、ある朝そのトラムを停留所で待っていると、隣に並んでいた人が「ハギ」と呼びかけてきました。誰だろう？　と振り向くと、ピクテのパートナーの一人であるジャック・ド・ソシュールがそこに立っていたのです。彼はその後シニア・パートナーに就任するのですが、まさかジャックがトラムの列に並んでいるとは……。パートナーという立場であっても専用の送迎車などは使わず、社員と同じように公共交通機関で通勤をしているのです。

かつて、真っ赤なフェラーリで出社した社員がいたそうです。それなりの収入があれば、高級車に乗りたいと思うのも不思議ではありません。しかし、その社員はすぐに上司に呼び出されました。

「今日会社を辞めるか、今すぐあの車を手放すか、どちらかを選べ」

そう告げられた社員は、車を売却したそうです。極端な話に驚くかもしれませんが、徹底して倹約するこの姿勢があるからこそ、長い間投資家の資産を保全することができたのです。

プライベートバンクなどというと、一般的には華やかなイメージを抱かれていると思います。しかしそこで働く社員たちに植え付けられているのは、非常に堅実で過度な派手さを嫌う精神なのです。

質素であることを旨とする会社なので、何事にも無理をする必要がありません。それは経営という観点でも同様です。ピクテの収益率を収入ベースで見ると、一般的な金融機関の半分程度でしょうか。収益力が弱いのではなく、社員に無理をさせない経営の結果と言えます。ピクテ投信投資顧問の社長である私は当然自社の収益目標を知っていますが、多くの社員は目標さえ知らされていません。高い収益目標を設定して莫大な報酬で社員を鼓舞するという最近の金融機関のやり方では、いつか不祥事が起こるとピクテのパートナーは考えているのです。

また、見栄えにお金をかけることもありません。私が代表を務める日本法人、ピクテ投信投資顧問の本社は、お客様の利便性も考慮して東京の中心地に所在していますが、オフィスビルの家賃は周辺相場の3割安程度。私自身、通勤には電車を使い、会社にも社用車などありません。お客様である金融機関に訪問する際なども地下鉄やタクシーで移動します。

これは自慢でも何でもなく、ピクテで働いている社員の誰もが自然に身につけている習慣なのです。

一時のマネーゲームに執着しない

金融機関で働いている人は、お金を稼ぐことだけを考えている。世間にはそんな見方もあると思います。実際に私が滞在したニューヨークでは、その傾向が顕著でした。そのことを強く実感したのは、かつて勤務していた山一證券が廃業した時であり、その時のことは今でもよく覚えています。

山一證券は、私がニューヨークの現地法人に所属していた時に自主廃業しました。当時私は、ブローキング業務を行うかたわらトレーディング勘定でヘッジファンド運用を行っていました。

しかし、自主廃業発表の少し前から売買ができなくなり、会社は開店休業状態。会社が危ないことは外部にもすでに知れ渡っていて、旅行代理店が出張用の航空券を発券してくれないほどに信用リスクが高まっていたのです。

私は証券株に対して早くから弱気で同株価の大幅安を予見していたので、様々なファンド・マネジャーたちが電話をかけてきて情報を知りたがりましたが、私自身、その時点では山一證券の資金繰りが厳しくなってきたことは何も知らされていませんでした。

そして1997年11月22日、ニューヨーク時間で21日15時頃だったと思います。私のデスクにあった金融情報ベンダーのクイックの端末が「山一證券、自主廃業」というニュースを流しました。ニュースが流れたことを現地法人の社長に伝えて自席に戻ると、いろいろな人から私宛に電話がかかってきました。

電話をくれた一人はスコットランド・エジンバラのかつての顧客で、「ハギ、大丈夫か？　日本へ帰れるか？　うちに来てもいいぞ」という言葉をいただきました。スコットランド人の心の温かさを実感したものです。その一方、ニューヨークのあるヘッジファンドの運用者からも連絡がありました。彼の第一声は「証券株は買い戻しか？」。こちらは会社が潰れたというのに、よく平然と聞いてきたものです。彼は大手証券会社が破綻したので、政府が何らかの対策を打つと考えたのでしょう。たしかに売りポジションを持っていたヘッジファンドにとっては絶好の買い戻しのタイミングでしたが、マネーゲームに心を奪われていて、こちらの心情など何も考えていなかったのでしょう。

私はその後金融とは全く違う薬品業界に2年ほど身を置くことになりますが、それは、このニューヨークでの経験から「もう金融はいいや」と思うに至ったからです。

非常に印象的な出来事でしたが、金融機関、あるいは担当者によって、お金に対する態度や執着といったものは、全く異なるということです。ピクテは目の前のマネーゲームに一喜一憂することはありません。なぜなら運用の基本は長期投資であり、そのためには顧客からの長期的な信頼を得ることが何よりも重要で、顧客のお金を扱うからこそお金に惑わされない高尚清廉の精神が求められると考えているからです。

プライベートバンクの顧客とつくり上げてきた「ビクビク運用」

ピクテ投信投資顧問が大手の投信会社と伍してビジネスができるのは、211年積み上げてきた確かな実績とパートナーが紡いできた哲学によって認知されたブランド力のおかげと言えるでしょう。

そして、運用の面で信頼を得ている最大の理由は、長期分散投資の哲学です。無理はしない。無茶もしない。とにかく分散投資する。ピクテの主力投信のほとんどがグローバル分散投資型で、旗艦ファンドのピクテ・グローバル・インカム株式ファンドは世界の公益株に分散投資します。設定されて11年経ちますが、今でも日本最大級の株式ファンドとして7000億円以上の資金を運用しています（2016年6月末）。

途中リーマン・ショックによる基準価額の大幅な下落を経験していますが、投資家の方にはとにかく長期に保有していただけるよう徹底してお伝えしてきました。グローバルに分散した運用を行っているので、長期に保有していれば価格は戻ると考えていたからです。

実際、分配金込みの基準価額は大きく回復しました。「分散投資しているのであれば、急落しても慌てない」、これもピクテの経験則から学んだことです。ただ、その過程で「日本人にはまだ株式の長期分散投資は無理かもしれない」と思うようにもなりました。下げと戻りの過程で多くの投資家が売却してしまったからです。

ジュネーブ赴任時にリーマン・ショックを経験した私は、現地で顧客の資産保全に奮闘し成果を上げているピクテの同僚を目の当たりにしました。そこで学んだことを日本で実践したい、ジュネーブの資産保全型バランス運用を提供したいとの思いを強くし、今に至っています。ピクテの資産保全運用はビクビクしながら運用するのが特徴で、その「ビクビク運用」を、お客様に対して分かりやすく「欲張らない投資」と表現しています。

「欲張らない投資」は上げ相場には置いていかれがちですが、下げ相場で真価を発揮します。だからといって、単純な運用をしているわけではありません。ピクテのジュネーブとロンドンの運用部隊は非常に多くの投資戦略を持ち、インハウス運用（外部に委託するのではなく自社のチームで運用すること）をしています。それら多岐にわたる運用戦略をリスク・バジェッティングの観点から徹底したリスク管理のもと分散する形で「欲張らない投資」を実現しています。

「欲張らない投資」のカルチャーはピクテが欧州の富裕層とお付き合いするなかで醸成してきました。富裕層は儲けることよりも、今ある資産を保全して次の世代につなげていくことを考えます。１００あるお金を２００にすることよりも、目減りさせることなく継承したいのです。つまり、物価上昇に勝てればいいのです。

欧州も少子化が進み経済が成熟化してきており、マイナス金利など今の日本と同じような運用環境にあります。経済の成長力が依然強くプラス金利の米国のそれよりも、この運用手法は日本人の参考になるはずです。

Chapter

2

歴史は繰り返す。10年先を見据えて日本人が資産保全するための「基本原則」とは？

9000ポンドのワーゲン・ゴルフ

1989年、イギリス。当時勤務していた山一證券のロンドン現地法人に赴任してすぐ、私は預金口座の開設に行きました。向かった先は、イギリスの大手金融機関ナットウエスト銀行（ナショナル・ウエストミンスター銀行、現在はロイヤル・バンク・オブ・スコットランド・グループの傘下）です。

口座開設の手続きを待つ間、「預金金利はどのくらいなのだろう？」と考え、何気なく金利ボードを見て驚きました。

「1年もの定期預金金利10％」

当時は日本もバブル景気の真っただ中。定額郵便貯金の金利が1989年、4・

57％を記録していましたが、さすがに二桁の金利は見たことがありませんでした。慢性的なインフレーションと国際収支の悪化、それによる英ポンド通貨の下落に見舞われたイギリス病が完治しておらず、まだサッチャー首相が剛腕を振るっていた時代だからこその、驚異的な高金利です。

しかし、当時のイギリスのようなインフレ経済下では、たとえ10％という超高金利で預金していても、金融資産の価値は目減りする一方です。そのインフレの「威力」を象徴するものとして、当時イギリスでの生活で強烈に印象に残っていることがあります。

ロンドン滞在中の移動手段にするため、私はドイツの大衆車であるフォルクスワーゲン・ゴルフを中古で購入しました。購入価格は9000ポンドです。そして6年後の1995年、ニューヨークへの転勤に伴い売却したのですが、その買い取り価格も9000ポンド。個人との直接取引だったとはいえ、2年に1回ほどしか洗車しなかった車が、買った時と同じ価格で売れたのです。

日々の暮らしの中で何となく感じてはいたものの、6年も使用した中古車の価格が変わらないという、まさに長期にわたるインフレの威力を身をもって実感した瞬間でした。ただし同じ期間中、英国の通貨ポンドは円に対して4割近く下落しています（車を購入した1990年3月の260円から売却した1995年9月の157円）。また、フォルクスワーゲンの母国ドイツの当時の通貨、ドイツマルクに対しても約2割近く下落しています。

中古車の価格はポンドベースでは下落しませんでしたが、そのポンド自体の価値が大幅に下落していたという、自国通貨安を伴うインフレの経済を、私はこのような形で経験することとなりました。

日本における「預貯金安全神話」の崩壊

インフレ目標2%、これから日本はインフレの時代――。そう言われて久しいですが、多くの日本人は実感がわかないかもしれません。それは私たちが長くデフレーションの時代を過ごしてきたからでしょう。しかしインフレ経済の到来がもたらす衝撃は、私がかつてイギリスで体験した通りです。

１９９８年頃から前年比マイナスに転じた日本の消費者物価指数（ＣＰＩ）は、そのまま15年近く下落傾向にありました。ＣＰＩの継続的な下落は、日本経済がモノの値段が下がり続けるデフレ状態にあったことを端的に示しています。

この15年の間に、デフレによってもたらされたのは、日本経済の体質の変化です。企業にも消費者にも物価は「上がらないもの」「緩やかに低下するもの」という意識が植え付けられてしまいました。企業はモノやサービスの価格を引き上げることができなくなって売り上げや収益が低迷し、人件費や設備投資を抑える方向へ向かいました。賃金が上がらなければ従業員（消費者）は消費を抑えてモノを買わなくなり、企業はやむを得ずモノやサービスの価格を引き下げる、その繰り返しで、日本経済にデフレ体質が定着していきました。景気低迷によってデフレが起こり、デフレによって景気低迷の長期化がもたらされていたわけです。

消費者も「少し待てば安く買えるようになる」ことが分かっているのですから消費を先送りして、一段とモノが売れなくなり……という悪循環に陥ります。それでは、消費を先送りすることによって余ったお金はどうなるのでしょうか。物価が下がり続ければ相対的に現金の価値が上がることになるので、預金しておくのが一番賢い選択肢となります。株式投資はうまくいかなければ元本を目減りさせてしまいますが、元本保証の預金で保有しておけば、たとえ預金金利が０％に近い状態であってもデフレ下においては実質的な価値が高まるからです。モノの値段が下がり続けると、相対的に現金の価値は上がり続けます。

そのため現金を預貯金として保有していれば安全で、リスクのある投資をあえて行う必要がありませんでした。たとえ預金金利がほぼ０％で利息がほとんど得られなくても、お金の価値が上がり続けていたため、「元本さえ減らなければよい」という考えが一般的になったのです。

このような景気低迷を背景に、２０１２年12月26日、第二次安倍晋三政権の誕生とともに、政府と日本銀行は政策を連携させ、日本経済を回復させるために「デフレ脱却と持続的な経済成長の実現」を目指すことを宣言しました。「物価安定の目標」を消費者物価の前年比上昇率2％と定めて、脱デフレを意識した政策を導入したのです。

その後、「2年で2％」としたその目標は、達成時期が数回にわたり先延ばしされ、現在までのところ達成できていません。しかし個別に見ると、値上げに踏み切った商品やサービスも多く、日々の買い物で物価上昇を実感している方も多いのではないでしょうか。言うまでもなく、我々消費者の立場からすれば、物価が上がるだけでは生活が苦しくなるため、政府は同時に企業への賃金アップも期待・要請しています。

物価上昇も賃金アップも今のところ、政府・日銀の思惑通りには進んでいませんが、その達成に対する政府の確固たる意志は強く感じます。いずれにしても、物価が日本銀行の目標通りに続けることになれば、限りなく0％に近い金利の預貯金に資金を預けていたのでは、増えるどころか毎年2％ずつお金の価値が目減りしていくという「異常事態」が起こってしまうのです。

物価は本当に上がるのか？

「物価は上がるのか？」という質問をよく受けます。それに対しては、「政府・日銀は上げる努力をしている」と答えるのが適切でしょう。あるいは「貨幣の価値を下げることで物価を上げようとしている」と言ったほうが分かりやすいと思います。

一般に物価上昇はモノの供給以上に需要を増やすか、需要以下に供給を減らすかなどして、物やサービスへの希少価値を生むことで達成できます。原油価格が２０００年代に上昇したのは中国などからの原油への需要が供給力以上に急増したからで、米が不作の時に米価が上がるのは、供給が需要以下に減るからです。

しかし、日本で需要を増やそうとしても、人口減少社会ですからそう容易くありません。自由貿易を行っていますから、仮に国内で供給が足りなくなっても、海外からの輸入で補えてしまいます。このため、日本でモノやサービスの需給を調節して物価を上げるのは、現在の政治経済体制では不可能に近いでしょう。

一方、貨幣的要因によるインフレと呼ばれるものがあり、これは貨幣の供給量を必要以上に増やすことで発生します。実際には貨幣価値が相対的に下がることで物価が上昇することを意味します。

日本銀行が現在行っている量的・質的金融緩和政策はまさしく、貨幣要因によるインフレ政策と言えましょう。量的・質的金融緩和政策とは日本銀行による金融市場調節の操作目標を「資金供給量」とする従来とは違う次元の政策で、異次元緩和政策と呼ばれています。デフレ脱却を目標とするアベノミクスの3本の矢のうちの1本で、日本銀行が国債などを購入することで、貨幣の供給量を増加させています。そうして金利水準を引き下げ、消費や投資を促し需要を拡大させることで物価を上昇させようとしているのです。

現在、長期国債が年間80兆円、上場投資信託（ＥＴＦ）が年間6兆円、Ｊ-ＲＥＩＴが年間９００億円購入されることで計約86・1兆円もの大量の資金が市場に供給されています。

この政策は経済に劇薬を飲ませているようなもので、一歩間違えると大変な問題を引き起こすでしょう。財政ファイナンスになってしまう可能性が高いのです。

財政ファイナンスとは、政府の発行した公債を中央銀行が引き受けること、つまり国の信用力に裏打ちされた貨幣を無秩序に国自身が発行して使用することです。過去には、財政が厳しくなった国で行われ、深刻な貨幣安（通貨安）やインフレを幾度も招いてきました。ハイパーインフレーションは財政ファイナンスを原因としていることが多いのです。

そのため、財政の健全性を保つためにも財政ファイナンス、つまり日本銀行の直接引き受けは財政法で禁止されています。現在、日本銀行は市場を通じて国債を購入しているので財政ファイナンスの意図はないとしていますが、実質的に信用貨幣を刷って国債を購入しているので構造は同じです。

このため量的・質的金融緩和政策を永遠に行うことは難しく、どこかで出口戦略が求められるでしょう。個人的には日本銀行の国債保有額が日本のＧＤＰの規模に達する前、２０２０年までと考えています。

また量的・質的金融緩和政策がそれほど効かない可能性もあります。実際には貨幣価値を相対的に下げることで、通貨価値を引き下げ、いわゆる円安によって輸入物価を引き上げることが期待されていますが、他国も貨幣の供給量を増やすインフレ政策をとっている場合には効果が限定されます。ユーロに対して円が強いのは、欧州中央銀行のほうがより大胆な量的・質的金融緩和政策をとっているからです。

マイナス金利政策により預金金利はさらに低下する

そのような環境下で2016年1月29日、日本銀行は「マイナス金利付き量的・質的金融緩和」の導入を発表しました。

マイナス金利政策を初めに導入したのはユーロ通貨圏の中央銀行である欧州中央銀行で、日本銀行よりも1年半早い2014年6月から実施しています。欧州中央銀行がマイナス金利政策を導入したのは、世界経済の減速に伴う原油などの資源価格の下落に伴って、インフレ率が目標の2%弱に達しない可能性が高いと判断したからです。ユーロ安を通じて輸出増とインフレ率の押し上げを目的としていると考えられています。

どこかで聞いた話ですよね。そうです、アベノミクスと同じです。2%のインフレ目標と異次元の金融緩和政策による自国通貨安への誘導政策、日本銀行も欧州中央銀行も行っている政策は同じです。

日本銀行は民間金融機関から預けられた資金の一部へのマイナス金利をまず適用しました。民間金融機関は預かった預金の一定割合を無利子で日本銀行の当座預金に預けることが法律で定められており、これは「法定準備預金額」と呼んでいます。この法定準備預金額を含む2015年中の平均残高を「基礎残高」とし、基礎残高のうち法定準備預金額を上回る部分の金利は0・1%、法定準備預金額と量的緩和による資金増加分である「マクロ加算残高」の金利はゼロとして、これらを上回る部分の日銀当座預金について0・1%のマイナス金利を適用するものです。

通常、当座預金というのはいつでも引き出しが可能な預金で、決済預金として使われるので利息はつきません。しかし、マイナス金利導入前までは民間の金融機関が法定準備預金額以上の資金を日本銀行に預けると0・1％の金利を得ることができたのです。当時の一般の個人向け普通預金の金利は0・02％で、単純に考えると個人から集めた0・02％の普通預金を日銀の当座預金に預ければ0・08％のさや（収入）が簡単に抜けたのです。しかし、新たに集めた資金を日銀当座預金に預けても金利がマイナス0・1％のマイナス金利だと損になってしまいます。

このため、マイナス金利政策の発表をうけて民間金融機関は預金金利をさらに切り下げました。2016年8月現在、1000万円の大口10年物定期預金でさえ0・036％にまで低下しています。利子には20・315％の利子所得税が課されますから、仮に1000万円を10年間定期預金に預けたとしても、年間の利子はたったの2870円程度にすぎません。

もし年率2％ずつ物価が上昇した場合、毎年20万円お金の価値が減少するのですから、今の預金金利は資産を保全するにはあまりにも小さすぎます。

図表2-1 — 預金種類別店頭表示金利の平均年利率等について

定期預金の預入期間別平均年利率

（年利率%）

預入期間	1カ月	3カ月	6か月	1年	2年	3年	4年	5年	7年	10年
1千万円以上	0.016	0.016	0.016	0.016	0.019	0.020	0.020	0.022	0.029	0.036
3百万円以上 1千万円未満	0.016	0.015	0.015	0.016	0.017	0.018	0.018	0.019	0.023	0.031
3百万円未満	0.016	0.015	0.015	0.016	0.017	0.018	0.017	0.018	0.019	0.027

出所：日本銀行の統計データより作成

また民間金融機関の側から見れば、預金として預けてもらっても、そのお金を日本銀行の当座預金に預ければ金利を取られてしまうのでこれ以上預金を預けられても困ります。しかし、年間80兆円以上の大量の資金が日本銀行から供給され、その大部分は民間金融機関に積み上がっていくことが予想されます。

そのうち、日本でもスイスのように預金がマイナス金利になることも想定しておく必要があります。

マイナス金利政策の本来の意図

マイナス金利政策は預金金利等を引き下げましたが、同時に民間金融機関に経営の転換を求めた政策と言えます。思い出してください、量的・質的金融緩和政策は、まず市中の金利水準を引き下げ、投資を促し需要を拡大させることで物価を上昇させようとしている政策です。

２０１３年４月の量的・質的金融緩和政策の導入決定後、年間80兆円以上もの大量の資金が日本銀行から市場に投入されるようになりました。

その結果、当座預金の超過準備額は急増し、２００８年には２・９兆円であったものが２０１６年６月末には２６３兆円に達しています。もともと民間金融機関は、預金などで集めた資金を効率よく運用するために、資金を日銀当座預金に寝かせないための工夫が求められています。しかし、今回の金融緩和政策により、日本銀行から供給された大量の資金を、民間金融機関は運用や融資などに回すことができず、日本銀行の当座預金に預けざるを得なかったのが実情です。

金利水準は十分に下がりましたが、投資が思うように活発化しないので、マイナス金利政策が導入されたのです。

一方、企業からの資金ニーズは限られているので、貸し出しも思うように増やせません。今後の銀行業務は今までのように預金を集めるのではなく、投資信託や保険などを販売し預金を減らすことに重点が移されるでしょう。

最後の日本国債バブルの行く末は？

日本銀行は、マイナス金利政策の発表と同時に日本国債の購入を長期債に集中化するという方針も発表しました。これは長期金利水準の低下を促す観点から、国債の買い入れの平均残存期間を7～12年程度とする方針です。さらに今後の金融政策の方針として、「2％の『物価安定の目標』の実現を目指し、これを安定的に持続するために必要な時点まで『マイナス金利付き量的・質的金融緩和』を継続する。今後とも、経済・物価のリスク要因を点検し、『物価安定の目標』の実現のために必要な場合には、『量』・『質』・『金利』の3つの次元で追加的な金融緩和措置を講じる」とのコメントを付け加えています。

この結果、日本国債の利回りは急低下、2016年2月以降10年国債の利回りは歴史上初めてマイナスになりました。国が借金をすると金利をもらえるという異常事態に突入したのです。国債の利回りがマイナスになるということは国債の投資価値がほぼなくなったことを意味します。

財政収支が慢性的な赤字で、平成27年度一般会計・特別会計を合わせた歳入は約139兆円、対する歳出は約238兆円でそのうち90兆円が国債費（借金の元利払い）、不足分の99兆円の大半を借金に頼る構造。借金も毎年40兆円（1時間当たり46億円）前後増え続け、2016年3月末時点で1049兆3661億円、経済規模の2倍以

図表2－2 ― 債務残高の国際比較(対GDP比)

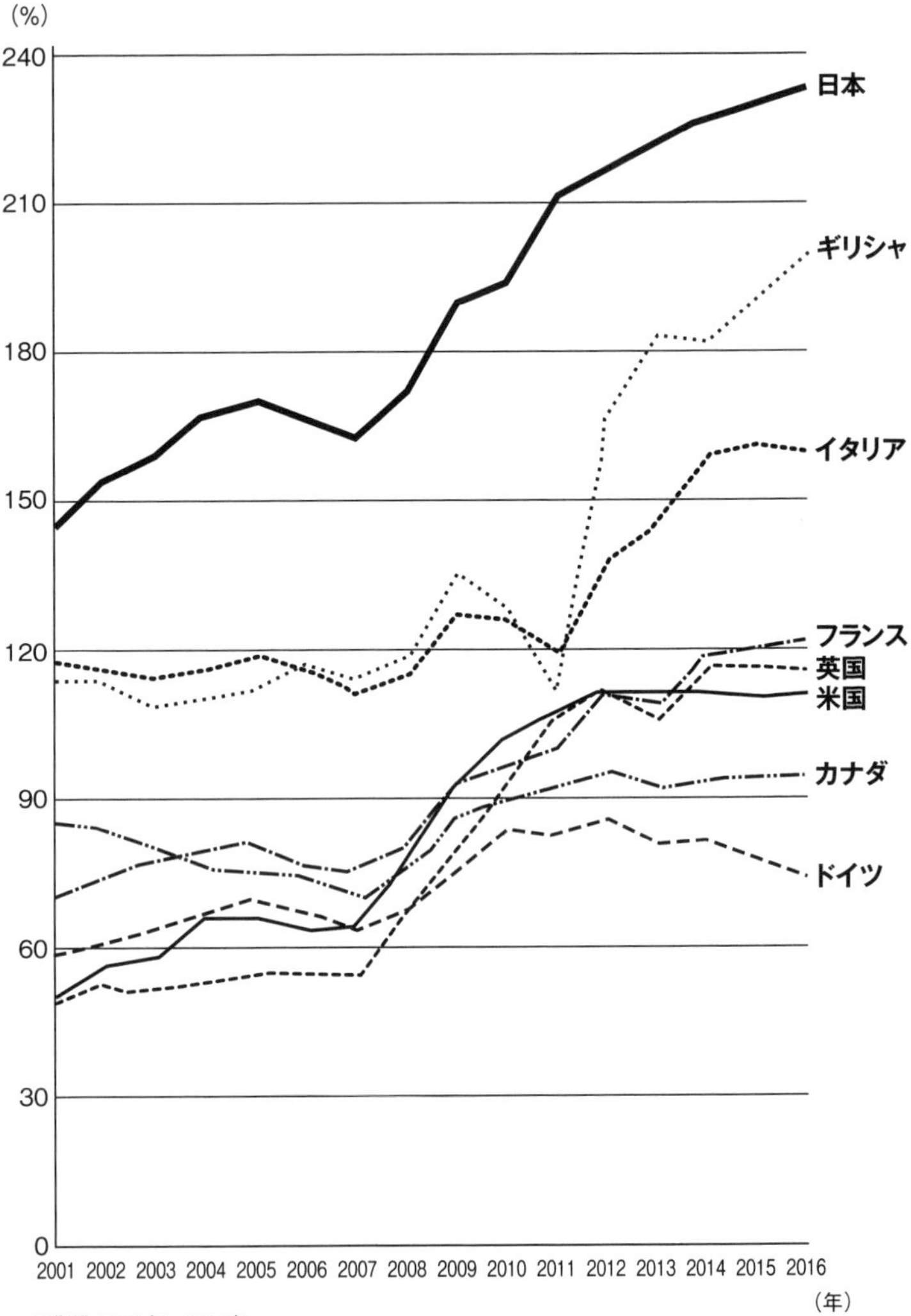

※期間：2001年～2016年
※数値は一般政府ベース
出所：財務省ホームページより（出典：OECD" Economic Outlook 98" 〈2015年11月〉）

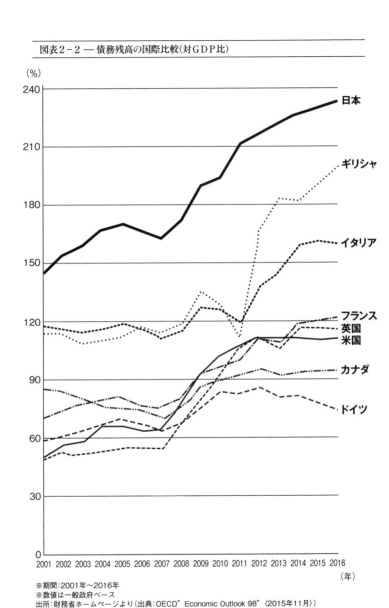

上となった財政破綻状態の国。そんな日本の国債の利回りがマイナス、どう考えても異常です。ここから利回りがさらにマイナスになることよりも、いつかは上昇することを想定するのが普通です。

ここ数年、民間の金融機関が魅力のなくなった、いやリスクの高まっている日本国債を売却し、それを日本銀行が購入することで市場は安定を保っていると言えます。そして、この構図は当面続くと考えられます。ここで、いつまで日銀が国債の購入を続けられるかという疑問が生じてきます。個人的には日銀の国債保有率が日本の経済規模の8割に達した水準が一つの山場、すなわち日本国債バブル崩壊のタイミングと考えています。

日本の高齢化と人口減少がもたらす影響とは？

日本は1000兆円を超える多額の借金を抱えています。単純計算では、乳幼児から高齢者まで国民1人当たり約800万円以上の借金を抱えていることになります。この低金利下でも借金の利払いは毎年約10兆円に及びます。

国の借金が膨らみ続ける原因ははっきりしています。歳出（支出）規模に見合う歳入（収入）が得られていないため、その差額を国債などの発行（借金をすること）で埋めているのです。

もちろん健全化できることが望ましいのですが、それには難しい問題を解決しなければなりません。それは社会保障費の増大です。2016年度予算の政府予算によると、医療などの社会保障費は一般会計ベースで税収の55％にまで達しています。

日本は高齢化が進むことで社会保障費が伸び続ける一方、人口が減少しているので経済が停滞し税収が伸びず、結果的に税収に対する社会保障費の割合が伸び続けているのです。

今後、この状況はさらに悪化すると考えられます。人口の減少は加速化しＧＤＰの成長を止め、規模自体を縮小させることになるでしょう。ＧＤＰは日本が生み出す付加価値の総額であり、「消費＋投資＋政府支出＋(輸出－輸入)」の式で計算します。生産年齢人口の減少は働き手が減るだけでなく、消費の主役も減ることになるので内需が縮小し、企業は国内投資を控えるようになります。「消費＋投資＋政府支出＋(輸出－輸入)」の「消費＋投資」が小さくなるのですから、ＧＤＰの成長も規模も小さくなるというわけです。

一方、高齢者が５１６万人増える推計なので、高齢者が消費の下支えをしてくれそうですが、実は高齢者も２０４２年の約３８７８万人をピークに減少へ向かうのです。２０１０年と２０６０年の高齢者人口を比べれば増えているというだけで、実態は高齢者も減っていきます。現状のままでは経済成長率が低下して財政破綻や社会保障制度の行き詰まりを招き、日本経済に壊滅的な打撃を与えるという危機的な状況なのです。

図表2－3 ― 社会保障給付費の推移

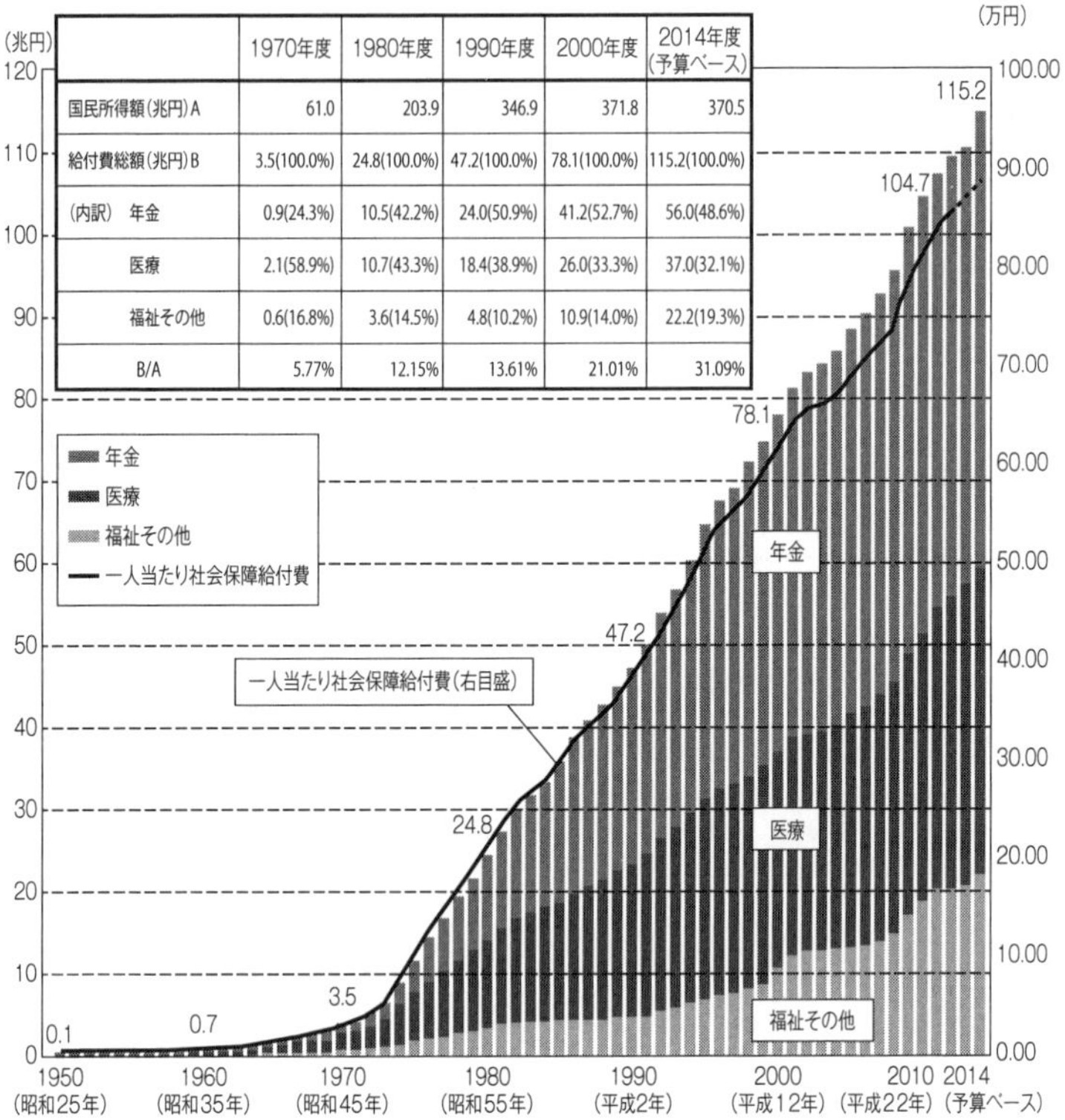

	1970年度	1980年度	1990年度	2000年度	2014年度(予算ベース)
国民所得額(兆円)A	61.0	203.9	346.9	371.8	370.5
給付費総額(兆円)B	3.5(100.0%)	24.8(100.0%)	47.2(100.0%)	78.1(100.0%)	115.2(100.0%)
(内訳) 年金	0.9(24.3%)	10.5(42.2%)	24.0(50.9%)	41.2(52.7%)	56.0(48.6%)
医療	2.1(58.9%)	10.7(43.3%)	18.4(38.9%)	26.0(33.3%)	37.0(32.1%)
福祉その他	0.6(16.8%)	3.6(14.5%)	4.8(10.2%)	10.9(14.0%)	22.2(19.3%)
B/A	5.77%	12.15%	13.61%	21.01%	31.09%

出所：国立社会保障・人口問題研究所「平成23年度社会保障費用統計」、2012年度、2013年度、2014年度(予算ベース)は厚生労働省推計、2014年度の国民所得額は「平成26年度の経済見通しと経済財政運営の基本的態度(平成26年1月24日閣議決定)」

(注)図中の数値は、1950,1960,1970,1980,1990,2000及び2010並びに2014年度(予算ベース)の社会保障給付費(兆円)である。

日本の人口減少は自然な流れ

今後、人口減少を止められるのかというと、そう簡単には止められないと思っています。なぜなら1億2000万人を超えた現在の人口というのは、明治維新以降の富国強兵政策の一環である「産めよ増やせよ」政策によって人工的につくられたものだからです。

日本の国土に対して適切な人口は今の半分程度、6000万〜7000万人程度ではないでしょうか。この人口はイタリア（約6100万人）、イギリス（約6400万人）、フランス（約6600万人）と同水準です。これらの国々の食料自給率はカロリーベースで（平成23年・出所：農林水産省）イタリア61％、イギリス72％、フランス129％ですが、日本は39％にとどまります。耕地と牧草地の面積も、イタリア12・8万㎢、フランス28・5万㎢、イギリス16・9万㎢に対し、日本は4・7万㎢。

個人的には食料の自給率が適切な人口の決定要因と考えており、日本の国土で1億人以上を養えていることこそ驚異的なことだと思っています。

もともと日本では幕藩体制下で地方分権が進み、全国津々浦々まで田畑が開墾された江戸時代の頃でも、人口は3400万人程度なのです。その頃の人口がいわば、日本の国土で自給自足して何とか養っていける水準で、人口が多くなりすぎると産児制限として間引きや堕胎が暗然と行われていました。一方、明治政府は両方を法律で禁じ（堕胎罪）、多産を奨励しました。帝国主義の時代、国力を反映するものとして兵力数、人口は重要な要素であったからです。

また、この時期に文明の進歩によって人口転換（Demographic Transition）が起こり、多産多死から多産少死の時代へ突入、それは戦後のベビーブーマー時代まで続きました。その後、少産少死型へと移行していったと考えられます。同時に寿命が延びて高齢化が進みました。

その結果、明治維新以降は急激に人口が増え、人口カーブは1868（明治元）年の人口約3400万人を起点に急上昇しています。その後、日本の総人口は2008

年に約1億2800万人まで増えたのですが、この年を頂点に減少が始まり、厚生労働省によると2060年には9000万人を大きく割り込み、高齢化率は40％近い水準になると推計されています。65歳以上の老年人口は2010年から2060年までに約540万人増加するのに対し、生産活動の中心となる15歳以上65歳未満の生産年齢人口は約3685万人、15歳未満の年少人口は約889万人減少する見通しです。

そのため2010年の時点では1人の高齢者を2・8人で支えていたのが、2060年には1・3人で支えることになるのです。

債務比率を減らすために物価上昇を起こす

人口が減少するなかで国が債務を減らすためには、どのような方法が考えられるのでしょうか。有力な選択肢となるのが、インフレーション（物価上昇）によって借金

図表2－4 — 先進各国の食料自給率

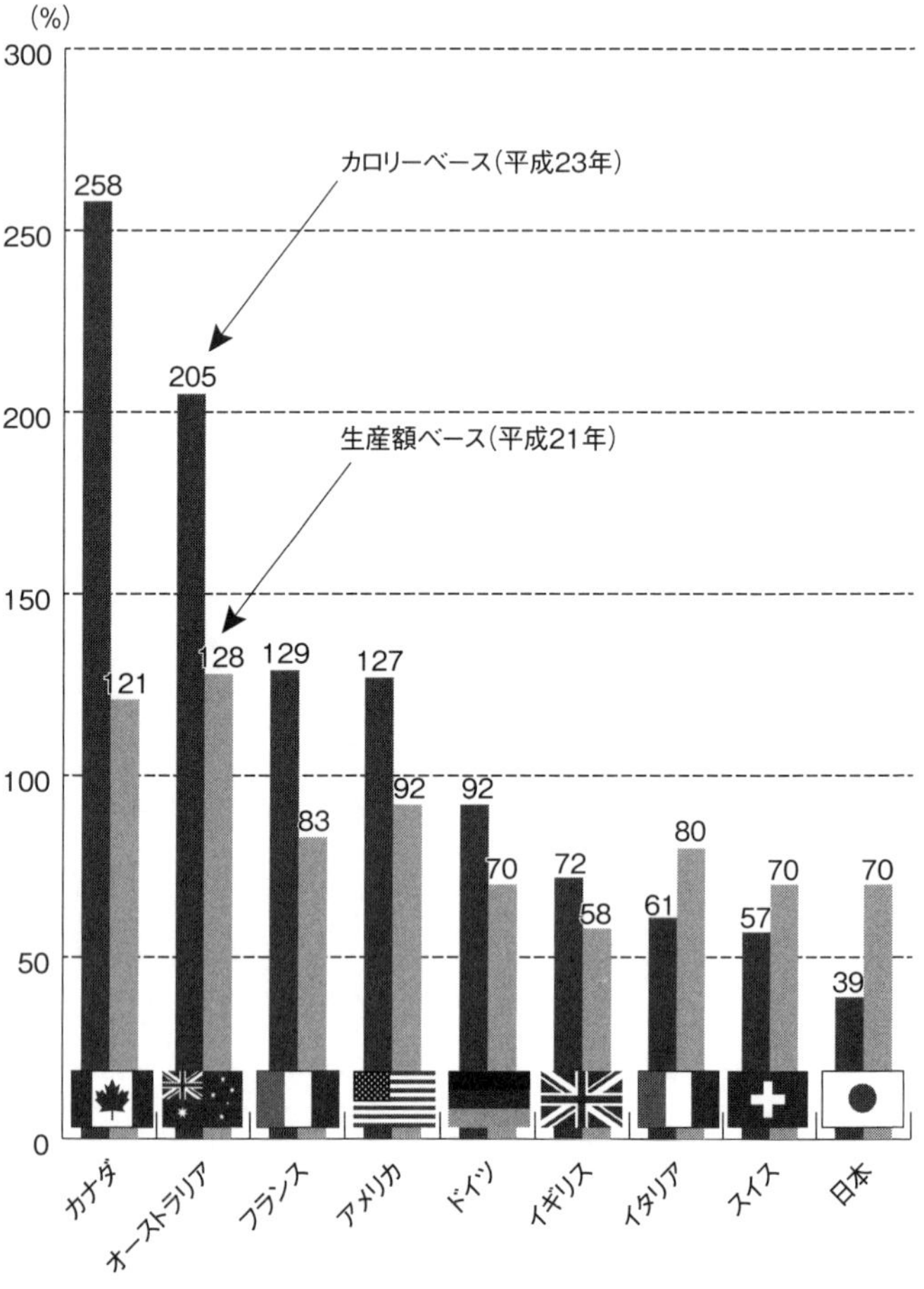

出所：農林水産省「食料自給表」、FAO "Food Balance Sheets"等を基に農林水産省で試算。（アルコール類等は含まない）（注）

1．数値は暦年（日本は年度）。スイスのデータ、イギリスの生産額ベース、韓国のカロリーベースについては、各政府の公表値を掲載。

2．生産額ベースの試算における、各品目の国産単価及び輸入単価については、FAO（国際連合食糧農業機関）のPrice STAT及びTrade STAT等により算出。

3．畜産物及び加工品については、輸入飼料・輸入原料を考慮。

図表2－5 — 日本の人口の推移

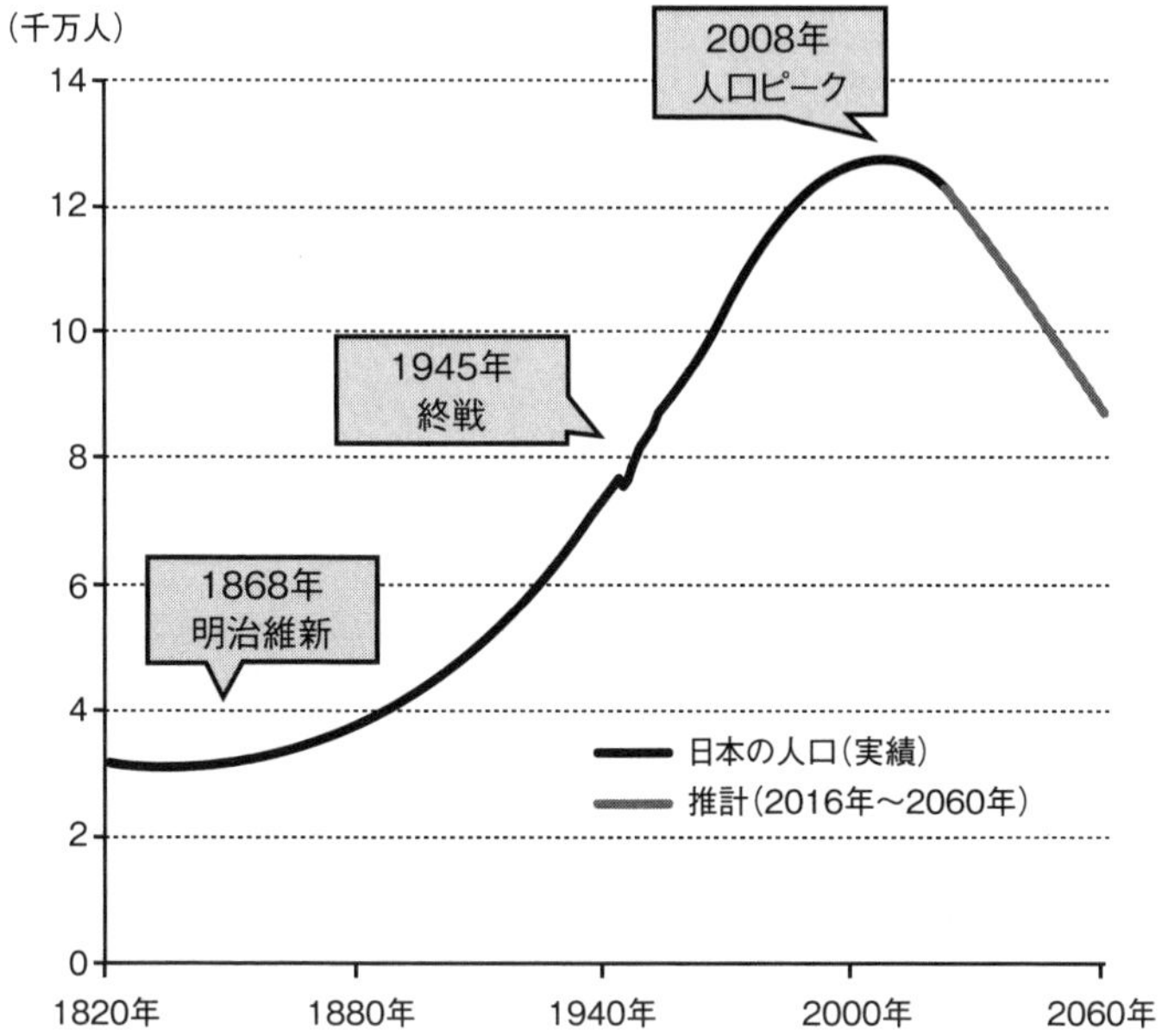

期間：1820年〜2060年
※推計は国立社会保障・人口問題研究所「日本の将来推計人口（平成24年1月推計）：出生中位〜人口置換水準到達（死亡中位）推計」
出所：Global Financial Data、国立社会保障・人口問題研究所のデータを使用しピクテ投信投資顧問作成

図表2－6 ― 日本と各国の人口の増減率の推移(年率)

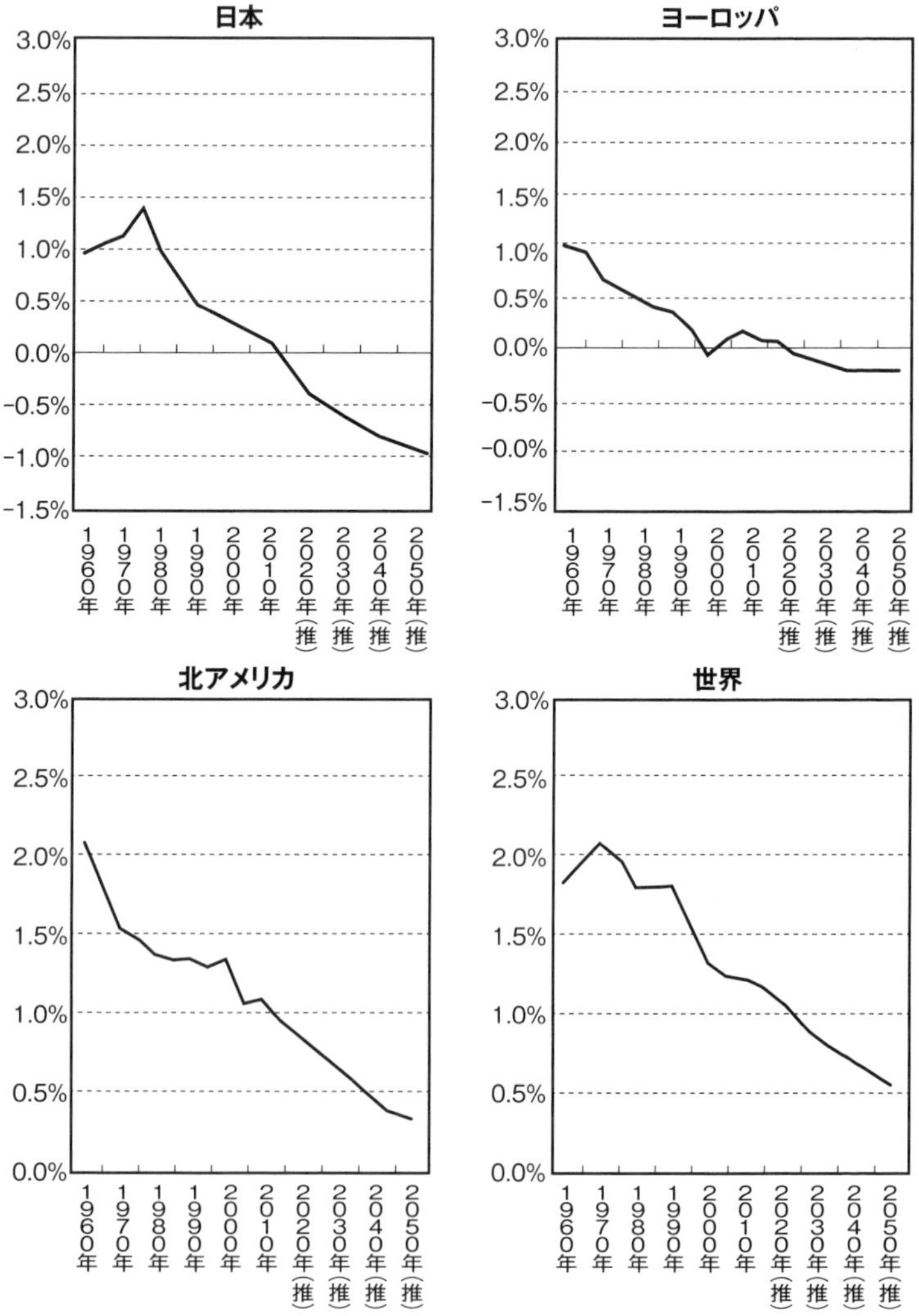

※期間：1960年～2050年(推計)
出所：総務省統計局、国立社会保障・人口問題研究所のデータを使用しピクテ投信投資顧問作成

の実質価値を減らす方法です。

通常、各国の政府債務状況を判断するにはその国の債務残高を経済規模（GDP）と比較をします。EU（欧州連合）においては、「マーストリヒト条約」によって、ユーロ参加の条件として債務残高が対GDP比で60％を超えないこととする基準（いわゆる「マーストリヒト基準」）が定められています。なぜ60％かというと、同条約が調印された1992年当時は長期金利の水準も考慮した場合、ここが問題ある債務比率のラインだと考えられていたからです。長期金利の水準はその時よりも相当低下しましたが、各国は依然としてこの水準を意識しているようです。

日本は明治維新以降、現在のように債務残高が対GDP比で増加したことが2度ありました。1度目は日露戦争、2度目は日中戦争と太平洋戦争による債務増加です。これらの債務問題はどちらも物価上昇を伴うことで解消しています。特に太平洋戦争後の物価上昇は非常に激しく、短期間に物価が100倍以上に上昇する激しいインフレを経験しました。このため通貨価値は大幅に減り、戦後の日本は通貨の最小単位が銭から円の時代になったのです。

現在の債務残高はＧＤＰ対比で、太平洋戦争末期をすでに上回る約２・５倍となっており、普通に返済することは不可能でしょう。しかし、ある程度の物価上昇を起こすことで債務は実質的に減らすことができます。また、物価上昇により税収額も増加します。

こうした物価上昇に合わせて預金金利が上昇していけばいいのですが、金利の上昇は日銀によって意図的に抑えられています。そのため実質のマイナス金利状態は今後も続く可能性が高く、まして２％の物価上昇が実現したら、資産はどんどん目減りしていくことになるでしょう。

それでは、どうすれば実質のマイナス金利を解消することができるのでしょうか。

それは物価上昇に勝つ可能性のある投資対象に投資をすることです。

債券投資だけでは物価上昇に勝てない

ここでピクテが設立された1805年以降のデータを用いて、米国国債と米国株式にそれぞれ10年間投資した場合のリターンを見てみましょう。

米国国債のリターンは、年によって10％前後だったり、5％以下だったりと異なるものの、債券の特徴として相対的に安定しており常にプラスです。しかし、これに米国のインフレ率を重ねてみると、どうなるでしょうか。何が言いたいかというと、投資の成果はインフレ率を考慮しないと本当の意味でプラスかどうかは分からないということです。大切なことなので、もう少し説明しましょう。

特に長期にわたる投資の成果を測るには、実質投資収益率という考え方が重要になります。実質投資収益率とはリターンからインフレ率を差し引いたものを指します。要するに、物価の上昇を考慮して、実質的にどれだけ利益を得られたかということです。例えば、リターンが２％、インフレ率が２％だった場合、投資で１００円が１０２円に増えたとしても、世の中の１００円の商品が１０２円になっているので実質的な収益率は０％になります。リターンが５％、物価上昇率が２％であれば、実質３％の成果が得られたということです。逆にリターンが２％で物価上昇率が５％の場合は、実質の成果はマイナス３％になってしまいます。

米国国債と米国株式における実質投資収益率の過去の実績から分かるのは、米国株式に比べて米国国債のほうが「実質マイナス」になる期間が多くあったということです。米国国債と米国株式に10年間投資を行った場合の実質投資収益率を見てみると、マイナスの収益率になった割合は、過去２１０年で米国国債21・５％、米国株式９・０％です。つまり米国国債の投資は10年間投資しても５回に１回はマイナスであったということです。

20年間の超長期に投資したケースを調べても、米国国債の場合、18・９％のケースはマイナスでした。つまり20年間も保有していたにもかかわらず、インフレには勝てなかったのです。債券は株式に比べて安心感があるように思いますが、その力は相対的には弱く、インフレに勝てない場合もあるということです。また、現在の金利水準では20年間米国国債を保有していても過去の経験則に従って計算すると常にマイナスの実績でした（米国国債利回りが２％未満となったタイミングで投資した場合の20年間の収益率で検証［年次ベース、期間、１８０５〜２０１４年］）。金利が低い場合、かなりの確率で物価上昇に勝てなかったのです。

一方、米国株式の20年投資の実質投資収益率はすべてプラス。つまり、株式を長く持つことで１００％インフレに勝つことができたのです。

昔からインフレには株式が強いと言われてきましたが、やはりそれは真実です。インフレから資産を守るためには債券に加え、株式にも資金を振り向ける分散投資が重要です。

図表2－7 ― 米国国債と株式の実質投資収益率の推移(10年間収益率(年率))

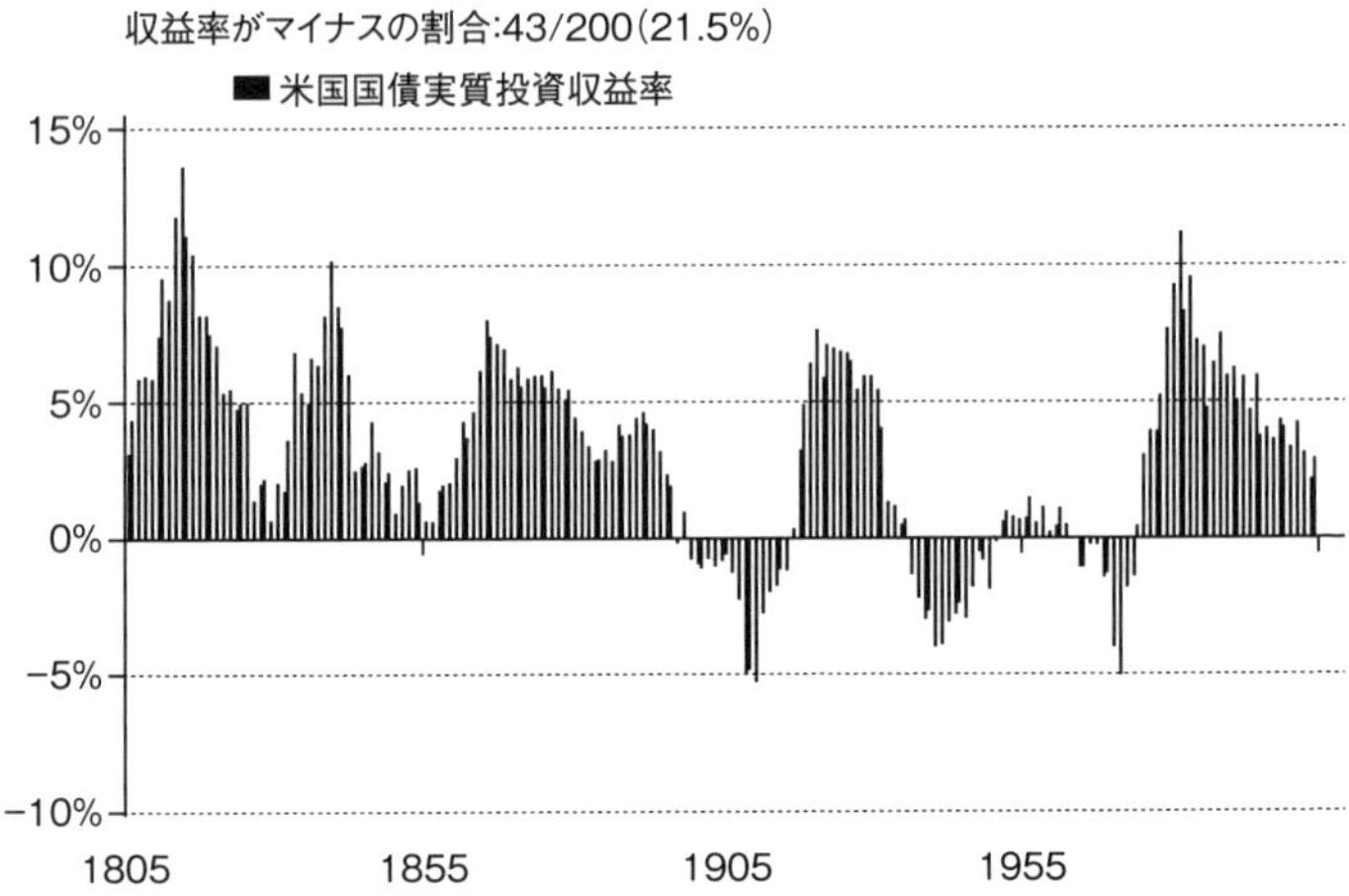

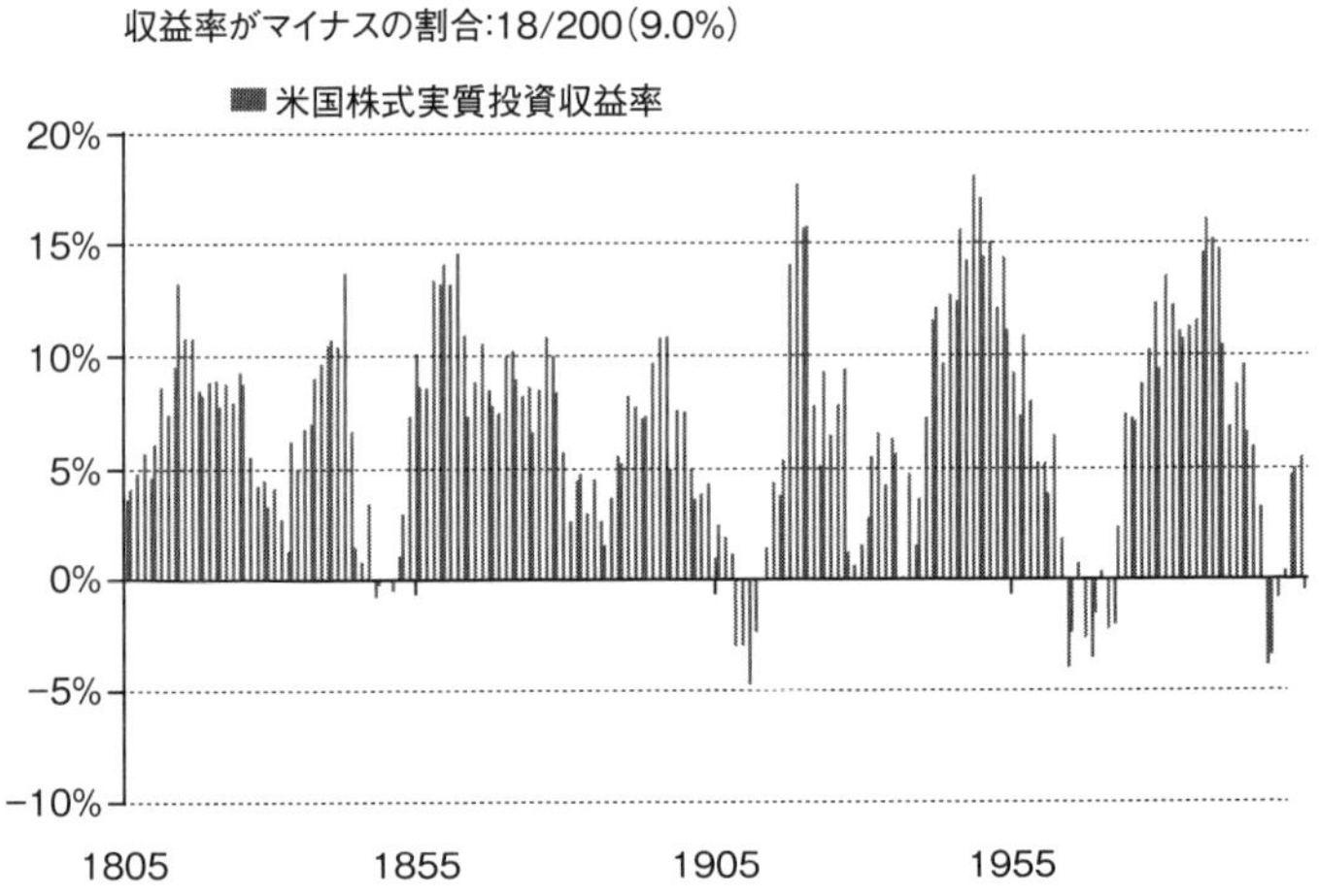

※期間：1805年～2005年
※米国国債：米国10年国債、米国株式：S&P500種指数
※投資収益率は米ドルベース、10年間収益率(年率)、年次
出所：Global Financial Dataのデータを使用しピクテ投信投資顧問作成

図表2－8 — 米国国債と株式の実質投資収益率の推移(20年間収益率(年率))

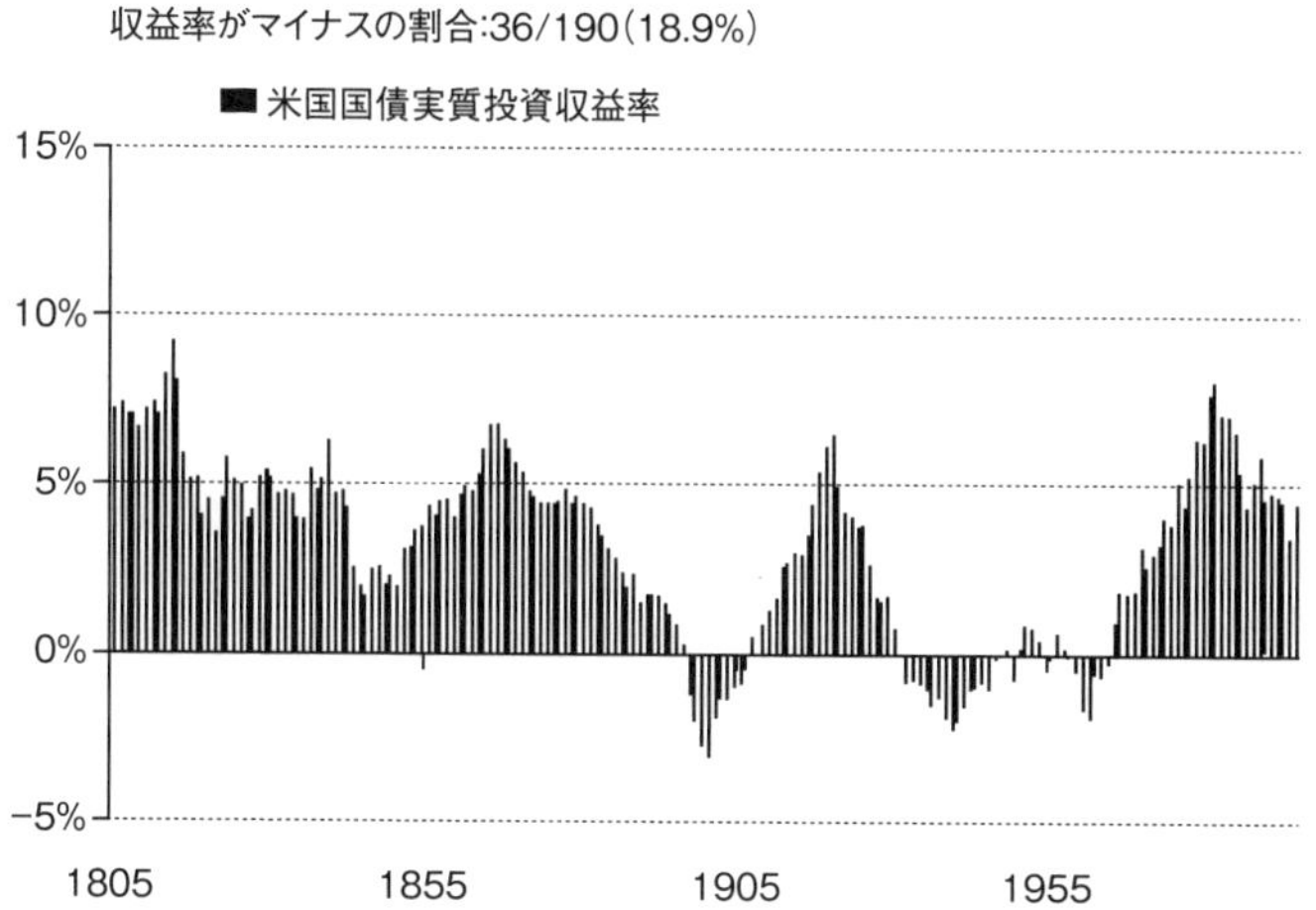

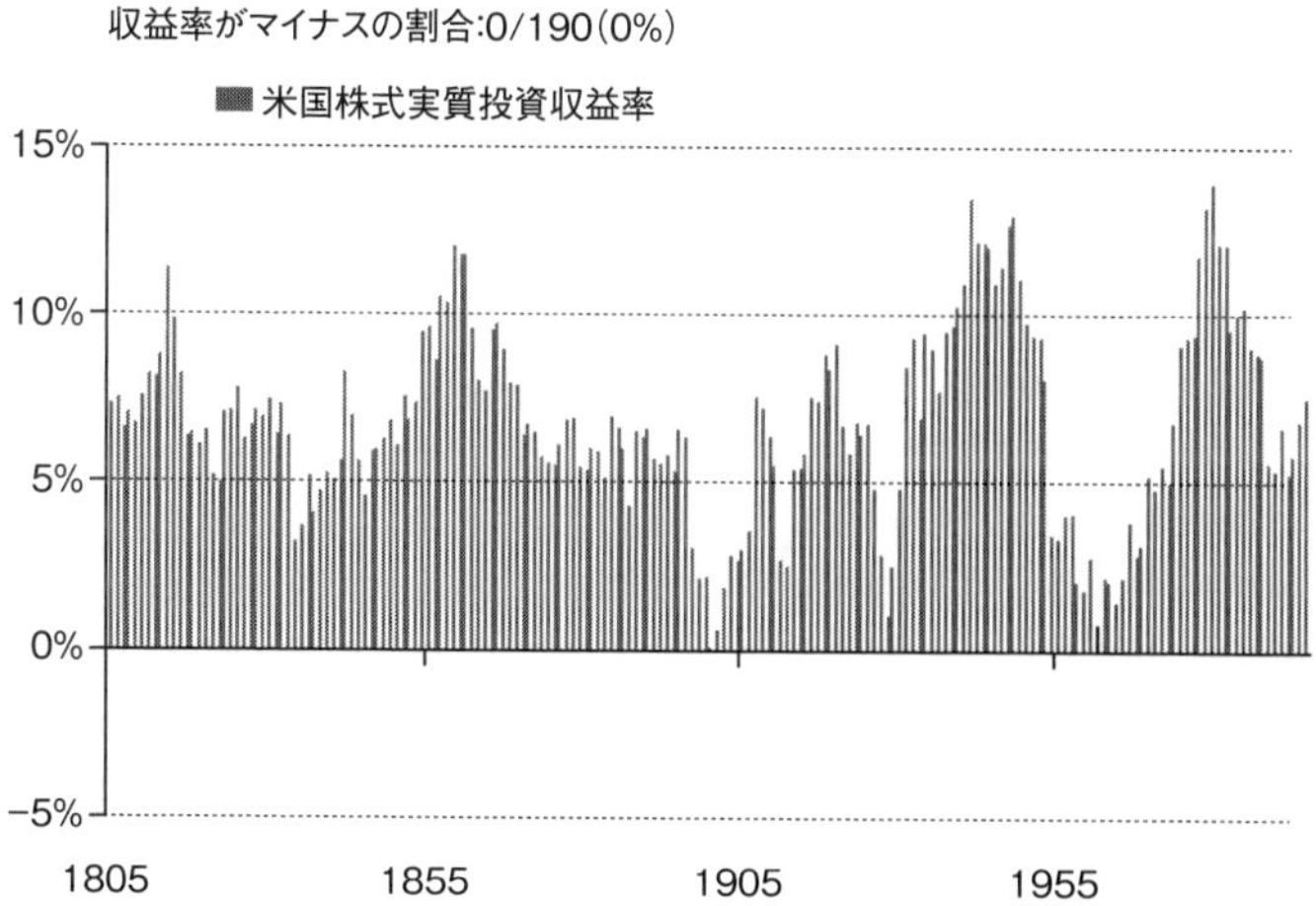

※期間：1805年～2005年
※米国国債：米国10年国債、米国株式：S&P500種指数
※投資収益率は米ドルベース、20年間収益率(年率)、年次
出所：Global Financial Dataのデータを使用しピクテ投信投資顧問作成

図表2－9 ― 米国国債の実質投資収益率と利回りの推移(収益率は20年間収益率(年率))

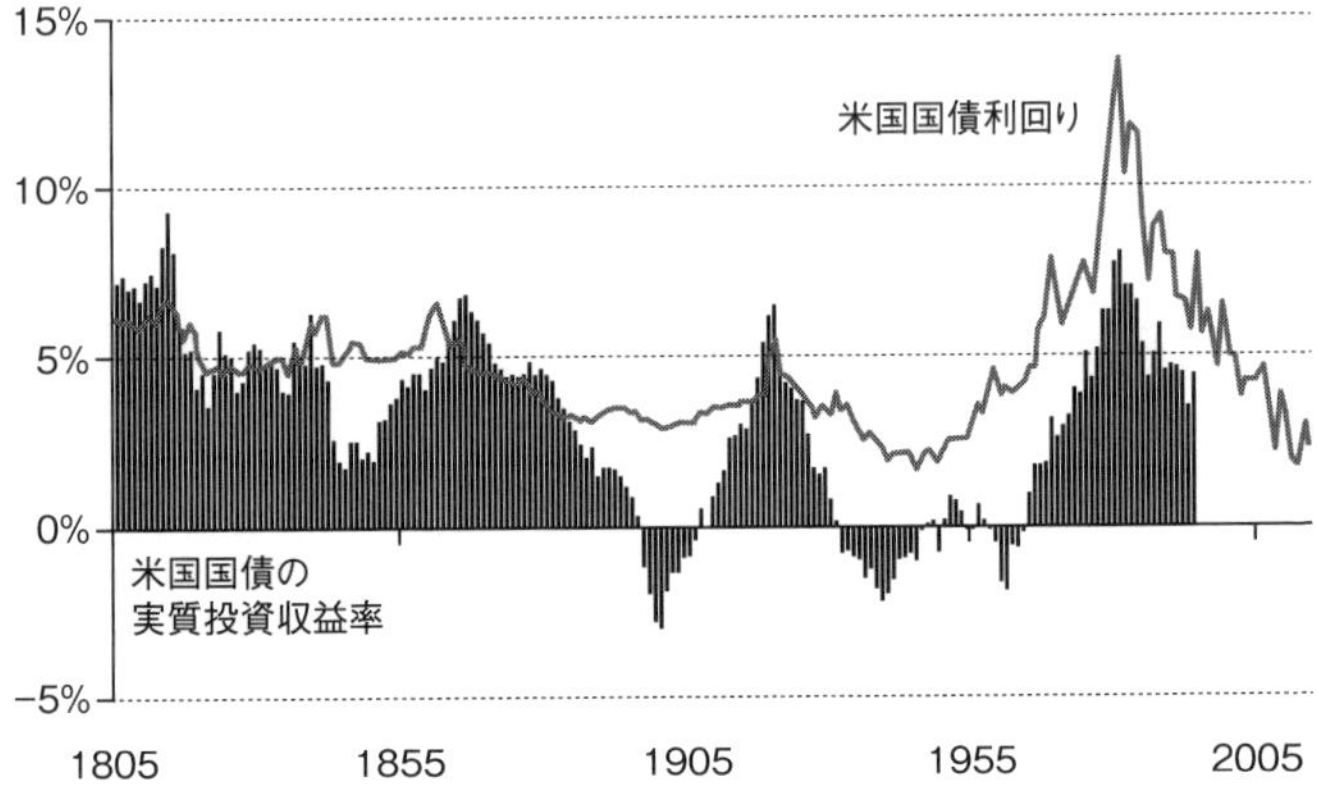

※期間：1805年～2005年
※米国国債：米国10年国債
※投資収益率は米ドルベース、20年間収益率(年率)、年次
出所：Global Financial Dataのデータを使用しピクテ投信投資顧問作成

目先の利益を求めるハイリスク投資を好む日本人

「狂乱物価」とまではいかないにせよ、インフレ時代に突入すれば預貯金だけで資産を守ることは難しくなります。1990年代初頭、私がイギリスにいた時によく訪問していたスコットランドの保険会社は、中核ポートフォリオの基本資産配分を株式8割、債券2割という構成で運用していました。地味で質素倹約を旨とするスコットランド人でさえ、株式が運用資産の中核だったのです。

個人投資家も同じです。資産を有する者はインフレに勝つために株式に投資し、株価の上昇に期待しつつ、配当を受け取りながら人生を楽しんでいました。当時、イギリスでは水道事業が民営化されましたが、多くの個人投資家が配当を楽しむ資産株として購入し、その後の株価の値上がりで株式投資家の裾野を広げることに貢献しています。

投資に消極的だと言われ続けてきた日本人ですが、今後どうなっていくでしょうか。日本人にとって投資はまだまだハードルが高く、投資信託も広く普及しているとはとても言えない状況だと私は思っています。

ただ、後ほど詳しく述べますが、投資を始める必要性はますます高まり、同時に、始めるためのハードルが下がっている（始めやすくなっている）ことは間違いありません。例えばインターネットを使った投資は年々手軽で便利になる一方ですし、ＮＩＳＡ（少額投資非課税制度）に代表される、投資を後押しする国の制度も充実してきました。

２０１４年１月に始まったＮＩＳＡは、当初はスロースタート気味だったものの、２０１５年末時点の買付額は６兆４０００億円と１年で２・２倍に増え、かなり認知度も上がってきました。当初は高齢者が多かった利用者の属性も、最近ではメガバンクで２割、ネット証券で３割程度は20～30歳代とのことで、裾野も広がっているようです。

また、政府の「貯蓄から投資へ」を推進する意欲には並々ならぬものを感じます。

現在のところ2023年で終了するNISA制度を恒久化する検討が始まっていますし、2016年2月からは、未成年者を対象とし、祖父母や両親が子どもの代わりにお金を出す「ジュニアNISA」も始まりました。

そして2016年1月には、日銀が金融機関を対象にいわゆる「マイナス金利」政策を導入したこともあり、個人の「預貯金のままでいいのだろうか」という思いに伴って投資に対する関心は高まっています。

しかしながら、現在日本でよく購入される投資信託の「ランキング」を見る限り、まだまだ課題が多いと感じざるを得ません。

どういうことか説明します。2015年末の日本投資信託の残高上位5本は、次のような顔ぶれです。ちなみに投資信託にはいくつかの分類方法がありますが、ここでは個人がいつでも購入可能な追加型株式投資信託という分類を用います。

1位　新光US－REITオープン（愛称：ゼウス）　1兆3925億円
2位　ラサール・グローバルREITファンド（毎月分配型）　1兆2995億円

3位　フィデリティ・USリート・ファンドB　1兆9916億円
4位　フィデリティ・USハイ・イールド・ファンド　9553億円
5位　ピクテ・グローバル・インカム株式ファンド（毎月分配型）　8574億円
（出所：リッパー）

REITとは、オフィスビルやマンションなどの不動産を投資対象とした不動産投資信託のこと。ハイイールドとは信用力が低い代わりに利回りが高い債券（ハイイールド・ボンド）を指しています。

残高上位5本を見ると投資対象や投資対象国が偏っていることに気がつきます。しかもすべて海外資産へ投資するものであり、為替の影響も受けることになります。また、いずれも値動きの比較的大きい資産であり、かつREITやハイイールドなど、単一の投資対象に限定した投資信託です。また、毎月分配金を払い出すタイプの商品である、という傾向も確認できます。

当社でも、お預かりしている金額が多いトップ3は、1位・ピクテ・グローバル・

インカム株式ファンド（毎月分配型）、2位・ピクテ新興国インカム株式ファンド（毎月決算型）、3位・ピクテ資源国ソブリン・ファンド（毎月分配型）となっており、すべて毎月分配タイプです。

どうやら日本の個人投資家は、ほとんどの資金を預貯金に置くという堅実さを持ちながら、投資をする時にはリスクを取って狭い投資対象に集中して投資するという傾向も持ち合わせているようです。リスクが好きだから、ということではなく、分配金の多さを追うことで結果的にハイリスクの投資対象のファンドになっていった、というのが正しいかもしれません。なおここで言うリスクとは価格の振れ幅、つまり株価などの値動きの大きさのことであり、リスクが大きい＝価格の振れ幅が大きい、つまり大きな収益が期待できる反面、損失も大きくなる可能性があることを意味します。

ハイリスク・ハイリターンとは、より高いリターンを得るためにはより高いリスクを取る必要があるという投資の一般的な原則ですが、同時により高いリスクを取ることでより悪いリターンになる可能性があることも意味しています。高いリターンを得るためには高いリターンの不確実性を許容する必要があるわけです。

投資信託のリスク・リターン特性（図表2－10・11・12）で日米欧を比較すると、そのことがはっきりと分かります。このグラフは日米欧の残高上位の投資信託の過去の値動きを調べ、座標で示したグラフです。縦軸はリターン（投資収益率）、横軸はリスク（標準偏差）です。双方とも過去の値動きを分析した過去の数値であり、特にリターンはこの時期たまたまこうだった、という程度に理解しておくのがいいでしょう。あくまで変動商品であり、どの時期を切り取るかによって全く数値が異なるのも珍しくないからです。

リターンは分析期間の開始から終了までの変化率を年率換算しており、例えば１００だったものが10年で１５０になったとしたら、50％の上昇を10年で割った５％が年率リターンとなります（実際は単純に10で割るのではなく複利の考え方で年率換算します）。

リスクはこの期間の値動きのブレの大きさを数値化したもので、この数値が大きい場合、例えば1年ごとにリターンを測ってみると５％どころか20％の年もあればマイナス10％の年もたくさんあったことを意味します。リスクが20％以上だとすると、ど

図表2－10 — 日本の投資信託　リスク・リターン特性

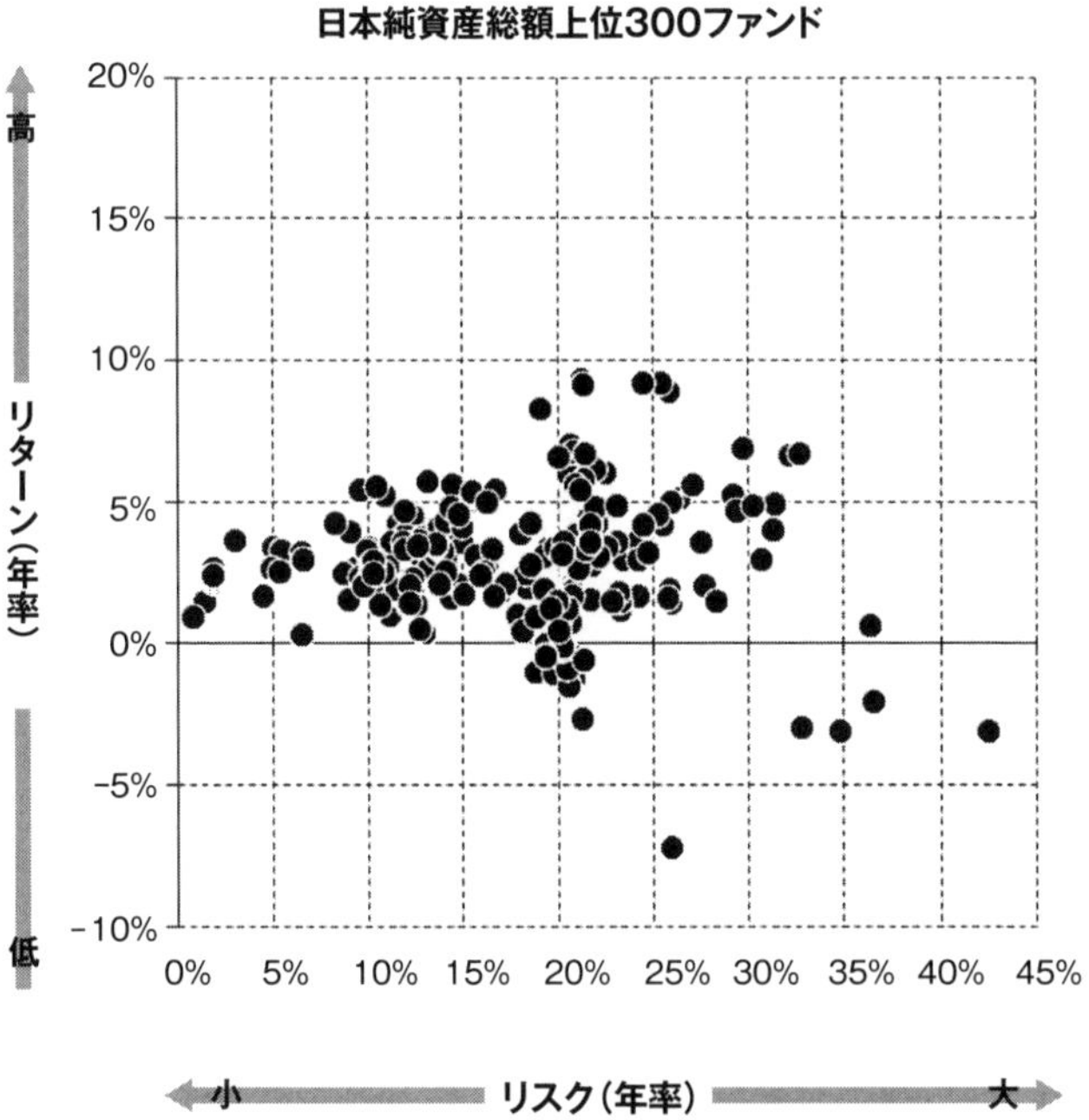

※期間：2006年7月末～2016年7月末。リスクは月次リターンの標準偏差
※2006年7月末以前に日本で設定され、日本で販売されているファンドのうち、純資産総額上位300ファンド（2016年7月末時点。ETF、マネー型、公社債ファンドを除く）、分配金再投資後、円ベース。
※出所：リッパーのデータを使用しピクテ投信投資顧問作成

図表2－11 ― 米国の投資信託　リスク・リターン特性

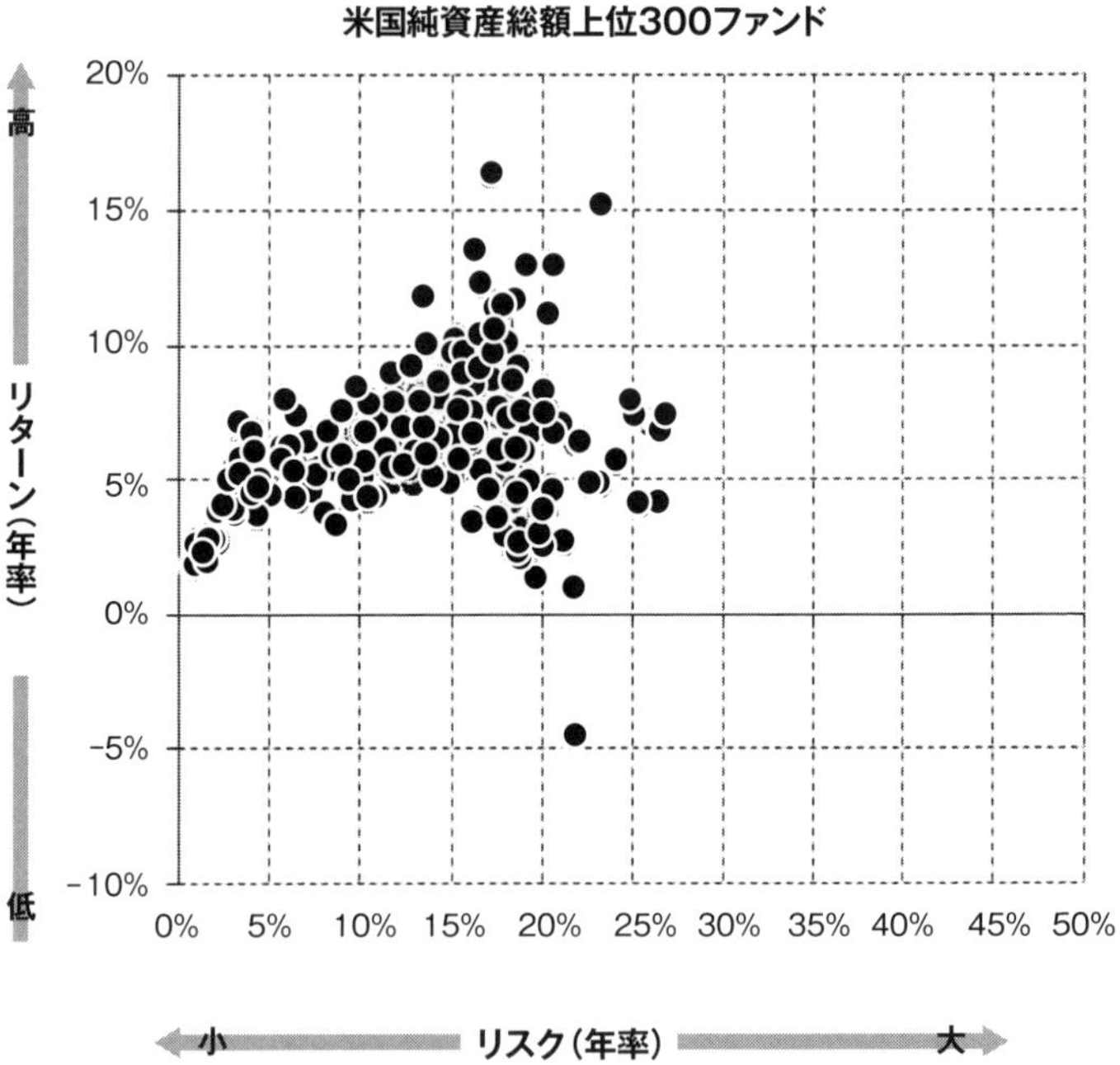

※期間：2006年7月～2016年7月。リスクは月次リターンの標準偏差
※2006年7月末以前に米国で設定され、米国で販売されているファンドのうち、純資産総額上位300ファンド（2016年7月末時点。ETFとマネー型を除く）、分配金再投資後、米ドルベース。
※取得可能なデータで作成。
出所：リッパーのデータを使用しピクテ投信投資顧問作成

図表2－12 — 欧州の投資信託　リスク・リターン特性

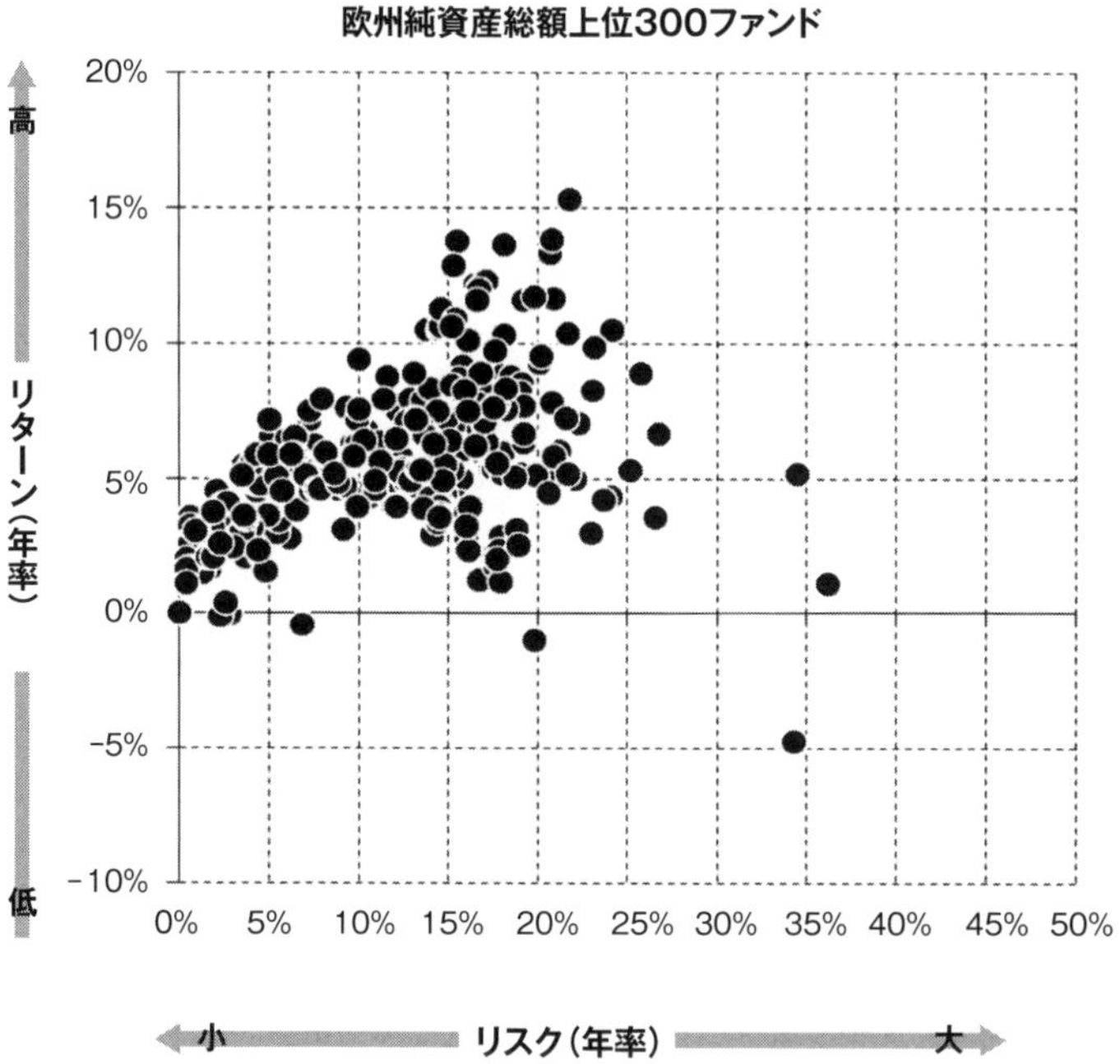

※期間：2006年7月～2016年7月。リスクは月次リターンの標準偏差
※2006年7月末以前に設定されたUCITSのファンドで、イギリス、フランス、イタリア、スイス、スペイン、スウェーデン、ドイツ、オランダで販売されているファンドのうち、純資産総額上位300ファンド（2016年7月末時点。ETFとマネー型を除く）、分配金再投資後、現地通貨ベース。
※取得可能なデータで作成。
出所：リッパーのデータを使用しピクテ投信投資顧問作成

の時期に投資するかによって、結果が大きく異なるような値動きだったと考えていいでしょう。

まず、日本の投資信託のグラフを見ると、リスク10〜15%と20%近辺にたくさんの投資信託が集まる2つの大きな固まりがあり、リスク30%を超えるものも相当数あることが分かります。投資信託であるにもかかわらず、個別の株式投資並みのリスク水準と言えます。

一方、米国はリスク10%台に集中していて、欧州はまんべんなく散らばっている印象です。ただどちらもリスク25%を超えるものはほとんどありません。

このことから日本人は欧米人に比べてハイリスクな投資信託を保有している傾向が高いことがうかがえます。

歴史的に繰り返されてきた市場の混乱

リスク管理の話ばかりしてきましたが、市場が平穏な時は実はあまり問題にはなりません。株式であってもREITであっても、そう大きな値動きもなく右肩上がりで推移する、投資家の皆がハッピーな時期だって少なくありません。しかし、ひとたび市場が下落リスクに敏感なモードに入ると、突然、その資産が本質的に持っているリスクの大きさが姿を現すのです。

ピクテは設立以来211年に及ぶ長い歴史の中で、幾多の金融危機や社会・経済を揺るがすいくつもの戦禍や動乱を経験してきました。

1812年の米英戦争、1847年の欧州金融危機、1873年のイギリス大不況、1884年の清仏戦争、1914年第一次世界大戦、1929年世界大恐慌、1939年第二次世界大戦……いずれも歴史の教科書に刻まれるような「大事件」です。

戦後になると、1971年にアメリカのニクソン大統領が突如ドルと金の交換停止を発表して世界を混乱させたニクソン・ショック、1973年の第1次オイルショック、1987年の史上最大規模のニューヨーク株式市場の大暴落ブラック・マンデー、1991年のソ連崩壊とアジア通貨危機に誘発された1998年のロシア危機、2008年のリーマン・ショック、2010年から今に至る欧州債務危機、2015年夏のチャイナショックと、立て続けに金融危機は起こっています。

「歴史は繰り返す」とよく言われますが、投資の世界でもそれは同じです。一国単位、地域、世界と規模は様々ですが、大きく株価が上昇するバブルのような状態や、何かをきっかけとした突然の大暴落など、極端な上下動に見舞われることは避けようがないのです。

投資の世界では市場が上昇することばかりを想像し、儲けることに意識が向きがちですが、重要なことは一時的な大儲けを狙うことではありません。資産を堅実に増やしながら、数年から十数年に一度繰り返し起こる世界的な金融危機に見舞われても資産を保全する――すなわち、資産を極力減らさないことがポイントなのです。

資産を守ることに意識を集中させたピクテ式投資セオリーは、世界市場がグローバル化し複雑に絡み合いお互いに影響し合う現代のような運用環境で、より威力を発揮します。それは富裕層にとどまらず、多くの人たちが資産運用を考える時にこそ、知っておくべき投資手法なのです。

しかし日本では、資産を守るための運用の歴史は浅く、一時的な上昇トレンドに乗せられて「資産をいかに増やすか」に注目しがちです。

投資の力を借りなければ資産が目減りする可能性が高い、インフレの時代を目の前にした私たちは、「資産をどう守るか」を第一に考えて投資を行わなければなりません。

そこで第3章からは、インフレ経済の中で、資産の全体設計の考え方を明らかにしつつ、何を対象に、どのように投資をすれば資産価値の減少を防ぐことができるのか、具体的に見ていきましょう。

Chapter 3

預貯金を含めた「資産の全体設計」の構築手法

資産運用の基本は資産を「守る」こと

　ピクテの資産運用の基本は資産保全です。資産保全とは顧客の資産の価値を物価上昇、災難などから守ることを目標とした運用です。そのために、

①グローバル分散投資
②長期投資

を愚直に実行してきました。

「グローバル分散投資」。よく耳にする言葉ですが、日本で本当の意味を理解されている方は少ないようです。新聞や雑誌の紹介をご覧になられたり、銀行や証券会社の

方々から説明を受けられた方は多いでしょう。しかし、疑問に思ったことはありませんか。

なぜ、グローバルに投資をしなければならないのか？
なぜ、分散投資をしなければいけないのか？
なぜ、長期投資をしなければならないのか？

そもそもグローバルに投資するのは、
「1カ国よりも世界の経済に投資したほうが、経済成長によるリターンという果実を得るための確実性がある」し、「短期的な市場予測は信頼できないが、世界の経済が長期的に成長を続ける可能性は高いと期待できる」からです。

「好調に見えた国の経済が10年後には低迷してしまい、その国の株式ファンドへの投資で大きく損をしてしまった」。よく聞く話ですよね。

また、分散投資をするのは、

「様々な資産を組み合わせたほうが、トータルの資産価格が安定する」というセオリーがあるからです。この点に関しては後ほど詳しく説明します。

そして、長期投資をするのは、

「短期的な売買で勝ち続けることは難しい」

「長期投資でないと成長の果実をしっかりと得ることができない」

というセオリーがあるからです。


経済や企業の成長は常に一定ではなく、好況期と不況期を繰り返しながら成長していきます。それに伴って株式や債券、不動産価格は変動していくのです。本当はそのタイミングが事前に分かって、安値で購入し、高値で売却できれば言うことはないのですが、実際には運用のプロでもそう簡単にうまくいくとは限りません。

株式にしても不動産にしても市場の下落局面ではいろいろな悪い話が出てくるので、

なかなか安値では購入できないものです。短期投資ではなおさらでしょう。保有している資産の価格が下落してくれれば怖くなって売りたくなりますし、上昇すればさらに買いたくなってくるものです。その結果、高値で購入し安値で売却せざるを得なくなるといったことにつながりかねません。

しかし、「短期的には低迷することはあっても、長期的には世界の経済や企業の業績は成長する」という前提に立ち、長期的な観点から投資を行うことができれば、市場価格の下落局面においてもあまり気にする必要もなく、さらに余剰資金があるならば、「バーゲンハンティングができる」とワクワクしてくるものです。

ただし、長期投資に対する認識をしっかりと持つ必要があります。長期投資を行うとすると少なくとも10年間、もしくは20年間以上の期間を考えなければなりません。「20年？　それは長すぎるよ」と考える方もいると思います。しかし、人生80年の時代です。日本人の平均寿命は女性で86・83歳、男性で80・50歳（厚生労働省簡易生命表、2014年）。仮に年齢が60歳としてもまだ人生20年以上もあるのです。

許容したリスク分のリターンが得られる確率を高める

ここで質問です。これまでに20年間保有した金融資産はありますか？　ほとんどの方は生命保険と預金以外は経験がないと思います。生命保険も預金も基本、元本が変わらない金融商品です。一方、投資信託等に分散投資して資産運用を行うとなると勝手が違いますよね。

長期投資を行って資産運用を成功させるには、許容したリスク分のリターンが得られる確率を高めることが重要になるのです。

図表３－１は各国の株価指数とグローバル分散型の株価指数の２００１年７月末から２０１６年７月末までの15年間のリターンとリスクの実績（年率）を示しています。横軸がリスクで数値が大きくなるほどリスクが大きくなっています。縦軸はリターンで数値が大きくなるほどリターンが高かったことになります。ちなみにゼロを下

回っているのは15年投資してもリターンがマイナスであったことを意味します。

図表3－1からまず認識できることは、グローバル分散投資型の株価指数である世界株式のリスクが各国の株式よりも低かったこと、さらにギリシャの株式の半分のリスクであったことを認識できると思います。このことは世界株式への投資は単一株式市場への投資よりも相対的に値動きが安定していたこと、ギリシャへの投資に比べ価格変動率が半分であったことを示しています。

同様にグローバル分散投資型の株価指数である世界公益株式が世界株式よりもさらにリスクが低かったことも認識できます。世界の公益企業の業績が世界株式に含まれるすべての企業の業績よりも相対的に安定していたため、その特性が価格に反映されたことを表しています。

また、多くの株式はリスクが高くなるほどリターンが高く、右肩上がりのボックスの範囲内に入ることが分かると思います。ただ、ポルトガル株式、フィンランド株式やギリシャ株式などのようにリスクに対してリターンが相対的に悪かった市場や、コロンビア株式やインドネシア株式などのように逆によかった市場がありました。この結果を15年前に予測できたかというと、非常に難しかったでしょう。また、今後15年間を見据えた場合、フィンランド株式やギリシャ株式などが逆にリターンがよくなり、コロンビア株式とインドネシア株式のリターンが悪くなる可能性もあります。

長期投資の観点からすると、これらはエラー、運がよかった、悪かったといった部類のリターンで、ピクテの投資目標には入りません。なぜなら、リターンの実現性、再現性、成功確率が低いからです。

それでは、長期投資でリターンの実現性、再現性を高めるにはどうすればいいでしょうか?

それは長期的に実現性が高い可能性に期待することです。ここでの長期とは最低でも10年ですが、「長期的に成長し続ける確率が高いのは単一国の経済よりも世界経済」とピクテでは考えています。特に新興国経済はその成長性からして魅力的です。世界経済の成長とリンクする資産に投資を行うことで、許容したリスクに見合ったリターンが得られると考えているのです。

グローバル分散投資型の株価指数である世界公益株式、世界株式や新興国株式の株価指数はすべてリターンがプラスのボックス圏に入っているようですが、これは偶然ではなく、その資産クラスの特色と言えます。この期間、２００８年のリーマン・ショック、２０１１年の欧州債務危機などがありましたが、15年という単位では、世界経済は着実に成長してきたのです。

リスクを取った分に見合う長期的なリターンを得るために、ピクテ式投資セオリーではグローバル分散投資が基本となるのです。

つまり長期投資の極意とは10年後、20年後の市場予測を当てることではなく、「リスクを取っただけ、リターンを得られるか」ということを実現する作業なのです。

図表3－1 — 各株式の株価指数のリスク・リターン特性

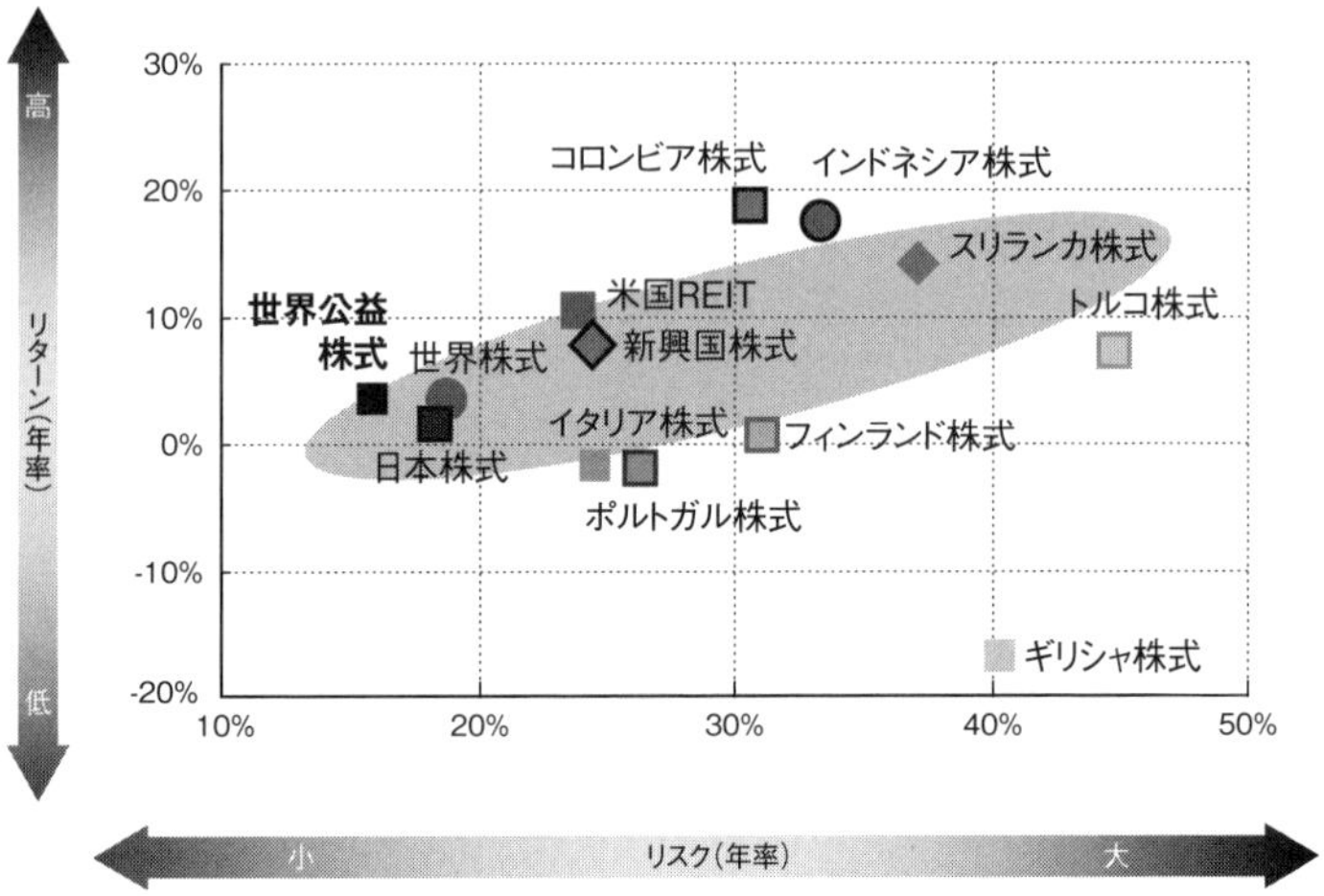

※期間：2001年7月末～2016年7月末。リスクは月次リターンの標準偏差
※世界株式：MSCI世界株価指数、世界公益株式：MSCI世界公益株価指数、新興国株式：MSCI新興国株価指数、米国REIT：S&P米国REIT指数、その他各国株式：MSCI各国株価指数（すべて円換算）
出所：ブルームバーグのデータを使用しピクテ投信投資顧問作成

「預金を含めた全体設計」の理想的なあり方

それでは「リスクを取っただけ、リターンを得られる確率を高める」ための作業を紹介いたしましょう。

株式は値段が大きく動くから怖い――そう感じる人もいると思いますが、債券等と組み合わせて分散投資することで全体の価格変動を小さくすることができます。

また、分散投資する場合は「流動性」も考慮しなければなりません。流動性とは売りたい時に売れて買いたい時に買えるということ。市場規模が小さい資産はマーケットが急変した時に売ることも買うこともできなくなる可能性があるからです。

デフレの時代は価格変動の小さい国債を保有していれば安心でしたが、これからは価格変動が小さいことだけにとらわれず、次の2つのポイントを重視して投資を行う必要があります。

（1）株式などインフレに強い資産を含めて分散投資を行う
（2）各資産の流動性を十分に考慮し、流動性が低い資産への投資は長期資金のみで行う

これからの時代に投資を考える際には、投資対象を分散することはもちろん重要ですが、資金を色分けして分散することが大切です。

ピクテ式投資セオリーは、「預金を含めた全体設計」をリスクの観点から考えることから始まります。それを図にしたものが「お金のタマゴ」、図表3－2です。

資金を「預貯金でなければならない資金」「欲張らない投資」「ちょっと欲張った投資」「育てる投資」「スパイス的な投資」に5分割します。「スパイス的な投資」は本当の余裕資金で行うべきなので、必ず必要というわけではありません。5分割した上で、どのような対象に投資すればよいのかを考えることが重要です。

図表3－2 — 資産の全体設計「お金のタマゴ」

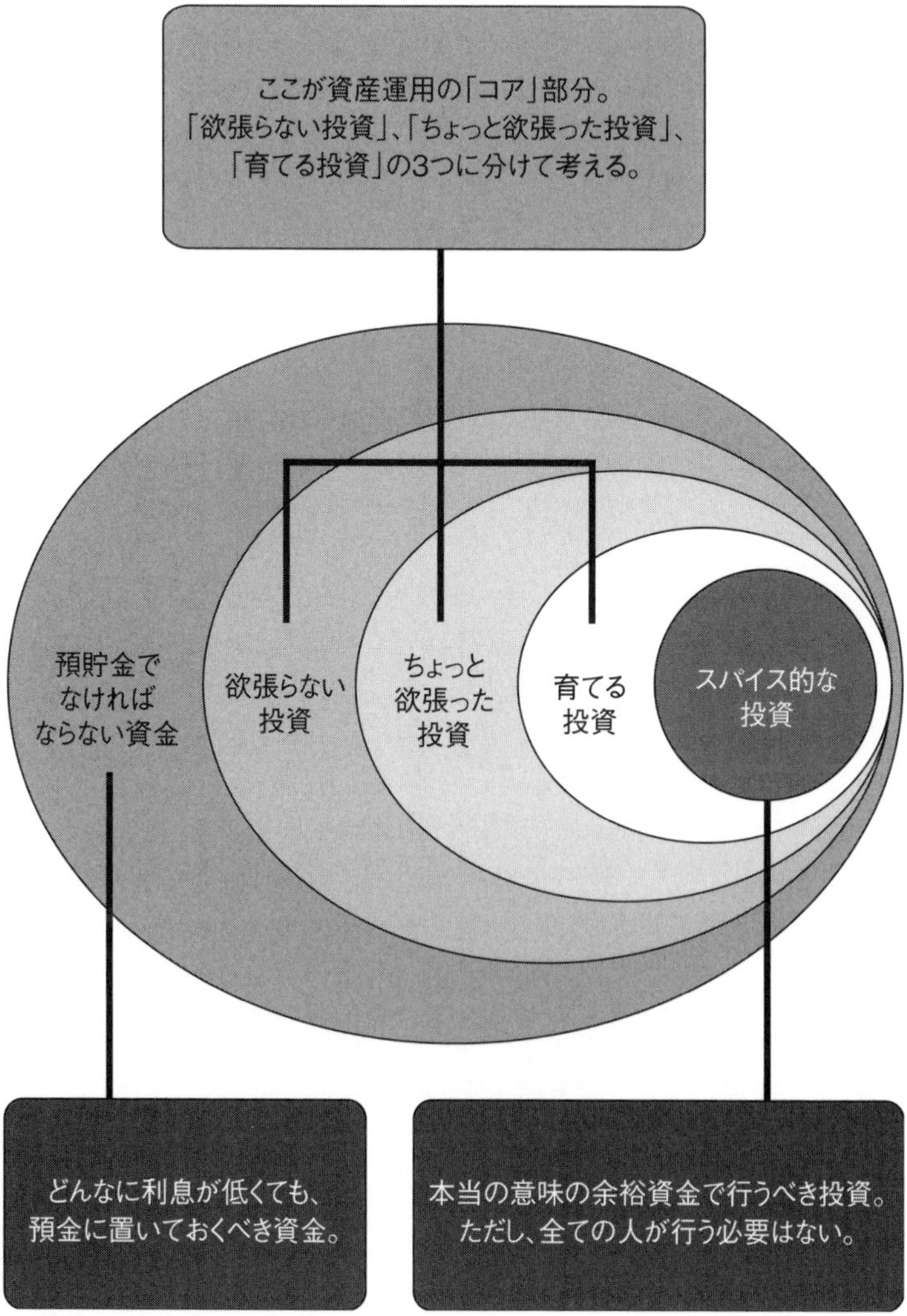

預金を出発点として資産を設計する

この「お金のタマゴ」のポイントは、預金を出発点としながらも、リスクレベルの違うファンドの保有目的を明確にして自ら主体的に設計しようというところにあり、設計にあたり考える順番は図の左から右に限られます。自ら設計する意識と全体を俯瞰した意識を持たずに「売れ筋ファンドは何か」と考えると、左から右ではなく右から左、あるいは右だけ買う、という失敗に陥るのです。

それではここで、これまで述べてきた「左から右」の考え方を、まとめてみましょう。

(1) 預貯金でなければならない資金

これはいつでも現金化できる資金を保有しておくということです。人生には急に現金が必要になる場面があります。その時の備えとする一方で、投資の好機が巡ってきたら、資金を他の資産へ移せるように残しておくための資金です。投資期間が2年以上取れない資金もこちらに分類したほうがいいでしょう。

(2)「欲張らない投資」へ振り分ける資金

投資を難しいものと感じる人は、「株式相場をずっと見続けて売買のタイミングを判断しなければならない」と考えていることが少なくありません。それは短期間で大きく儲けようとする投資法です。「欲張らない投資」は、短期間で大きく儲けることは考えません。あくまで物価上昇リスクから資産を保全することを最優先し、低リスク・低リターンの商品で運用する「預金の一歩先」のような投資です。投資期間が2年から5年程度の資金、これについては第4章で詳しく説明しましょう。

(3)「ちょっと欲張った投資」へ振り分ける資金

「欲張らない投資だけでは満足できないが、株式などの価格変動はちょっと……」といったニュアンスで振り分けた資金に適しています。投資期間5年から9年程度の資金に対応した「育てる投資」の一歩手前の投資です。

(4)「育てる投資」へ振り分ける資金

資金を(1)と(2)と(3)だけに振り分けたのでは、インフレに耐えることはできても、資産を増やすことはあまり期待できません。そこで、「欲張らない投資」で資産を確実に守った上で、「育てる投資」が必要となるのです。これは、高リスク・高リターンの資産に投資することでじっくりと資産を育てていこうという考え方の投資です。投資期間10年以上の資金がこちらに分類できます。

(5)「スパイス的な投資」へ振り分ける資金

(2)(3)(4)を実行し、「余剰資金」を得た人が振り分けるべき資金です。(2)「欲張らない投資」、(3)「ちょっと欲張った投資」、(4)「育てる投資」よりもさらに大きなリスクを取って、資産を大きく増やすことができる投資の資金です。市場の動きを見ながらリターンを追求し、分散投資ではなく単一市場の単一商品に投資することで資金を大きく増やします。一般的に流動性リスクが相当高くなるので投資期間15年以上の余裕資金をあてることになります。

「欲張らない投資」では、リスクを最小限に抑えて着実なリターンを得る

「欲張らない投資」とは、低リスクを明確に意図した「設計」がなされた投資信託への投資です。大きなリターンを求めるとその分リスクを負うことになるのですが、売れ筋ファンドランキングやファンドのリスク特性から想像すると、残念ながら多くの投資家が潜在的な高いリスクに気づいていないと言えるでしょう。もちろんリスクは、突如として顕在化する恐れがあります。例えば、ある新興国の経済がクラッシュする

と、市場として十分に育っていない、規模の小さな株式市場に売り手が殺到して混乱し、株価が大暴落、損失を抑えるために新興国株式を売ろうと思っても売れない……このように、手遅れになって初めて投資家は流動性リスクの存在に気がつくのかもしれません。

そこで「欲張らない投資」のリターンのイメージはインフレ目標2％を上回る2～4％程度とします。それ以上は望まず、「ビクビク運用」に徹する低リスク運用を明確に意識した投資信託を組み込むべきです。投資信託のリスク・リターン特性で見た通り、日本には比較的少数しか存在しませんが、実は今の日本の人々にとって最も重要なカテゴリーだと考えています。

このカテゴリーに属するのはいわば「預金の一歩先」のような投資信託です。すべての日本の人々がリスクの高い投資をする必要はないものの、預金一辺倒から一歩踏み出して、欲張らない投資にチャレンジすることは、ほとんどすべての人に求められていることなのです。

「ちょっと欲張った投資」では、程よいリスクで程よいリターンを得る

「ちょっと欲張った投資」は程よいリスク、いわゆる中リスクの商品特性を有する投資信託への投資です。バランスファンドを除くと、中リスクに分類できる投資信託はリスク要因をある程度限定しているものが多く、価格変動の要因が分かりやすいのが特徴です。また価格変動が程よいので「欲張らない投資」からさらに一歩踏み出して、投資への理解を高めるのに適した投資信託と言えます。

個人投資家が投資を開始する際に一番初めに陥りやすいのが、投資信託の選別を分配率やリターンの実績だけで行い、リスクに注意を払わず、高リスク商品への投資に偏るような事態です。

このため、投資した投資信託の基準価額が大幅に下落してくると、更なる下落に不

安を感じ、一部をあるいはすべてを売却してしまうことがあるようです。結果的にそこが底値であったりするのですが、売却した当人は自分が底値で売却したことさえ気づかないというケースもあるかもしれません。あるいは同じ投資行動を何度も繰り返すことで投資成果を上げられず、「儲からない」と資産運用をあきらめてしまうことが多いようです。

後ほど第5章で詳しく説明しますが、中リスクの投資信託への投資メリットは、市場が調整した時も、たいていの場合は1年間の下落率が最大25％程度に抑えられることです。1年間下落率を25％以内に抑えることは5年から10年程度の投資において重要となります。また、投資家に与える心理面の影響でも下落率25％ぐらいまでは投資を行っていて大きな不安を感じさせない水準と言えます。

バブル経済崩壊後の低金利時代に入ってつい最近までは、「ちょっと欲張った投資」が投資信託運用の代表格でした。２０００年前半は投資信託と言えば為替リスクを取って他の先進国の国債や優良社債に投資するものなどが常に販売上位に名を連ねていましたが、これらは典型的な中リスクの投資信託です。これらはリーマン・ショック時にも他の投資信託に比べ高い下落抵抗性を発揮しました。ただ、世界的な低金利時代になった今、新しい中リスク型の投資信託への投資が求められています。

「育てる投資」で資産をじっくりと増やす

「育てる投資」とは、10年以上は保有してじっくりと資産を増やすための投資を意味します。「欲張らない投資」は必要不可欠なのですが、インフレへの対処はできても将来に向けた資産形成の「エンジン」にはなれません。特に若い年代層には預金と「欲張らない投資」で基盤を固めた上で、「育てる投資」を一定額行うことが必要です。

10年程度じっくり保有し続け結果を求めるためには、10年後も成長が期待される投資対象の選定が重要になります。しかし、これはそう簡単なことではないのです。

10年前に液晶テレビの先駆者、日本のシャープが台湾の企業に買収されると予想した人がいたでしょうか？　当時の同社は液晶テレビのビジネスが好調で２００６年３月期の売上高と利益は３年連続で過去最高を更新していました。しかし、２０１６年３月期の決算を乗り切れないほどに資金繰りに窮し、同社は同年２月に鴻海《ホンハイ》精密工業からの買収案を受け入れたのです。

10年前にブラジルやロシア経済の現在の混迷をどれほどの人が予想していたでしょうか？　ブラジル、ロシアはＢＲＩＣｓ（Brazil, Russia, China, India）の一角として高い経済成長が期待され、ブラジル株式ファンドやロシア株式ファンドは大人気でした。２０１６年の年初には、ブラジルは一時オリンピックの開催も危ぶまれたほどに経済は混迷、警察官への給与が払えないほどに財政は逼迫、治安は悪化し、通貨ブラジル・レアルと株価は大幅に下落しました。

バブル経済期の１９８８年末に３万１５９円だった日経平均株価が10年後の１９９８年末に１万３８４２・１７円まで下落すると、当時の誰が考えていたでしょうか？20年後の２００８年末では８８５９・５６円なのです。１９８８年当時の日本は世界第２位の経済大国として、米国の経済さえも抜くと考えていた人も多かったのです。

　このように10年後も成長している投資対象を選定することはそう簡単ではなく、10年程度じっくり保有し続け結果を求めるためには、相場の変動に踊らされて売ったり買ったりをしなくて済むファンドであることが必要です。それは必然的に投資対象を分散した分散型となり、単一国に投資するものや単一通貨に賭けるファンドでは役目を果たせません。

　また資産の成長のエンジンとなるためには株式の組み入れが不可欠です。分散型の株式ファンドか、株式が多めのバランスファンドが候補となるでしょう。

「スパイス的な投資」で流動性リスクを取り大きく育てる

　「スパイス的な投資」は流動性リスクを許容して挑む投資で、バイオ株式、インド株式、米国ＲＥＩＴやＭＬＰといった単一資産、単一国や単一通貨といった、分散化されずに限られた対象に投資するファンドが該当します。非上場企業への投資であるプライベート・エクイティなどもこの分野に含まれます。

流動性リスクとは株式や債券などを換金しようとした際に売れなかったり、通常よりも著しく不利な価格での取引を余儀なくされることで損失を被るリスクです。こうした資産クラスは価格が大きく動くので、うまく投資できれば大きなリターンを挙げることができますが、高値で投資してしまうと大きく損をしてしまうリスクがある投資対象です。

このため15年以上の超長期投資のスタンスで挑み、単一のファンドに資産の多くを配分しないことが重要となります。

さもなければ「買い時」も「売り時」もタイミングを計らなければならない難しい投資ですが、実は先ほど見た売れ筋ファンドの多くはここに該当するのです。玄人向きとも呼べるこれらのファンドが一般の人に広く売れていて、「欲張らない投資」「ちょっと欲張った投資」や「育てる投資」をしているつもりが、実は「スパイス的な投資」をしてしまっているところに怖さがあります。

想定外のリスクが起こった時にどう対処するかを常に考える

誰もが前述のように資産を振り分けるべきだと主張しているわけではありません。中には「スパイス的な投資」は不要と考える人もいると思いますが、それも間違いではありません。

最も避けなければならないことは、資産を分散せずに「利回りが高いから」とか「分配金がたくさん受け取れるから」というような理由で、特定の投資信託に集中的に投資することです。しかも、本人はそのリスクの重大さに気づかず、知らないうちにリスクの高い資産が大きな割合を占めていた——などという状態では資産を守ることはできません。集中投資型の「スパイス的な投資」とは、「欲張らない投資」「ちょっと欲張った投資」「育てる投資」で分散投資をしっかり行い、資産を守ってから本当の「余剰資金」で行うべき投資なのです。

マーケットが短期的に大きく変動した時に初めて保有資産のリスクの大きさに気づいたのでは、もはや手遅れです。資産設計の基本はまず、あらゆるリスクを想定するということです。その第一歩が、先に挙げた5つの資産の振り分けなのです。

Chapter

4

—

インフレ率程度の利回りで十分。「欲張らない投資」で、預貯金の価値目減りに対抗する

負けたことよりも勝ったことばかり覚えている人間の心理

人間は、嫌な出来事はなかなか忘れることができないものですが、どうやら投資に関しては逆のようです。「値上がりした」「儲かった」というような投資の成功体験だけはしっかり覚えていて、損をした失敗体験は都合よく忘れてしまう傾向にあります。失敗を教訓とすることがなかなかできません。

これは、株式投資の経験者であれば覚えがあることかもしれません。ある株式が値上がりして利益を得た記憶が残ると、それが値下がりしても売ることができなくなる。損失を覚悟して売る損切りができないどころか、下がったところで買い増しをしてしまう。あるいは1度目の投資で儲けて、2度目の投資で損をしても、失敗から学ぼうとせずに、儲けた記憶だけを頼りに3度目にまた同じ過ちを犯す――これでは悪循環です。

利益を得ると、誰しも欲が出るものです。ある投資信託で10%の利益を手にすると、次は15%、20%という高いリターンを狙いたくなってしまう。いつの間にか高いリターンを求めて高いリスクの森へ迷い込んでいることに気がつかない。このような投資家は多いのです。

しかし、これでは資産を守ることは決してできません。リスクを最小限にとどめて着実なリターンを得ることを第一に考え、損失を最小に抑えるための努力をおしまないことが不可欠です。本章で説明する「欲張らない投資」の第一歩は、まずそこから始まります。

2％の物価上昇率を前提にしてリターンを逆算する

これまで述べてきたように、資産運用の究極の目的は、金融資産を全体としていかに物価上昇から保全するかです。「欲張らない投資」とは、そのためのベースを預貯金とともに支えるための投資であり、投資金額は、もちろん人によりますが、２年ほどは投資できる資金で金融資産全体の30～70％程度を想定しています。

具体的には、インフレ率を上回る程度のリターンが取れればよいとする「預金の一歩先」のような投資です。政府・日銀が２％のインフレ率を目標としているのなら、２％を上回る程度のリターンを目指します。

この利回りを物足りないと感じる人もいるかもしれません。株式相場が上昇を続けているような投資環境のよい時には、短期間で10％、20％という値上がり益も期待できます。しかし、投資環境のよい時に、大きなリターンが期待できる投資は、環境が

図表4－1 — 欲張らない投資の概念図

STEP1　「預金の一歩先」と思えるような、「欲張らない」投資から考える

○インフレ率程度の利回りでOK、などとする
低リスク・低リターン商品

○一時下落しても
2年程度は（回復を）**“待てる”**資金

○全体資産の
30～70%？

「預金の一歩先」のようなファンドに、預金のうちどれくらいを移動させせられるか考えてみましょう。
金融資産全体の「基礎体力アップ」のための部分です。

【一例】
○市場変化に対応し、かつリスク値が低くなるよう運用されている一部のバランスファンド

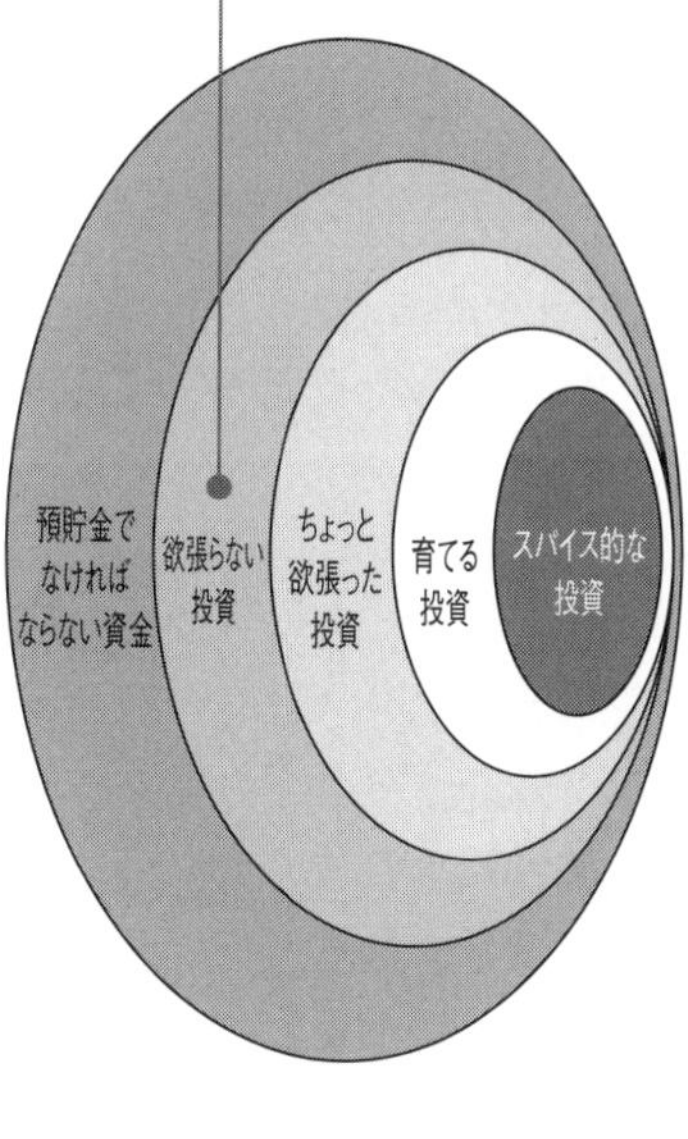

政府・日銀が目指す年率2%のインフレが実現すると、
1年後に100万円の車は
102万円に

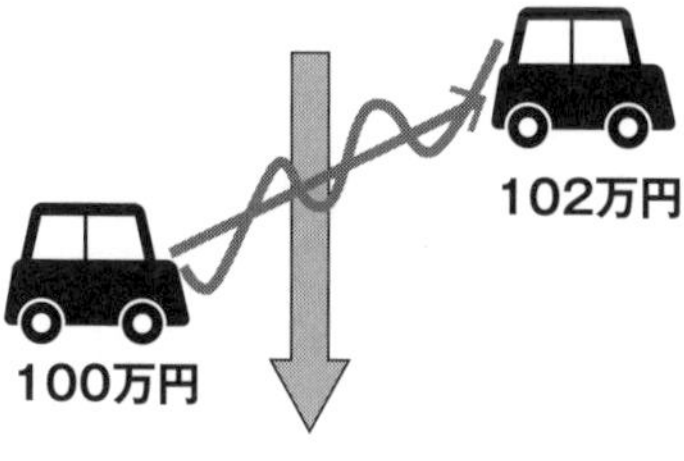

「欲張らない」投資では、
同じ102万円程度になることを期待

悪くなった時には大きく下がるリスクと隣り合わせです。このような大きく上がるかもしれないし、大きく下がるかもしれないという投資はリスクが高く、資産を守るという目的には適していません。

「欲張らない投資」では、大きな下落を避けるために、大きなリターンを期待しません。例えば投資信託では分配金に関心を持つ人が多く、「高いほどよい」という風潮もありますが、「欲張らない投資」では、高いほどよいのではなく、「程よい水準のほうが安心」と考えます。

なぜなら、「欲張らない投資」くらいの低リスク運用が分散投資のメリットを一番享受できるというセオリーがあるからです。「預金の一歩先」のような投資だからこそ、確実性を高めることが大前提。確実性を高めるには、分散投資の効果が一番効くと想定される、低リスクの運用が重要になるのです。

分散投資に対してよくある誤解

日本人が投資信託を購入する理由として大きいのは、プロが運用するからうまくいくだろうという期待と、投資信託であれば個別株式投資とは異なり、損をするリスクが低いだろうという期待ではないでしょうか。

たしかに、一般に説明される通り、投資信託の魅力は「投資家から集めたお金を一つの大きな資金としてまとめ、運用の専門家が株式や債券などに投資・運用する商品」であることです。そしてメリットとして「投資信託は小口のお金を集めて一つの大きな資金として運用するので、様々な資産に分散投資し、リスクを軽減することが可能になります」といった説明もよく聞かれます。

たしかにその通りではあるのですが、気になるのは「様々な資産に分散投資」という部分です。

例えば、投資対象を「世界優良株式」とした投資信託は、世界の優良企業の株式に分散投資していることは間違いないのですが、株式以外は投資対象としていません。それはその投資信託の方針に従った行為なので全く問題ないのですが、リーマン・ショック時のような世界同時株安に見舞われれば、投資信託であっても大きく価格を下げることになります。

たしかに投資信託を1本買うことで、個人で株式投資をするよりも多くの銘柄に分散投資していることになります。しかし、それが株式やリートなど、一つの資産だけに投資する投資信託であれば、分散投資の効果も限られることを理解していなければなりません。では1本だけでなく複数の投資信託を保有していれば安心かというと、それも違います。世界優良株投信と日本株投信を両方保有していても、同じ株式ですから同じような動きをすることも多く、複数本を持つことによる分散効果はあまりありません。

「分散マジック」がリスクを最小限に抑える

それでは、どのような投資手法をとればいいのでしょうか。

それを探るために、逆にどうすると「負けやすい」のかを考えてみましょう。その答えは簡単で、一つの投資対象に絞って投資をすることです。例えば、すべての資金を日本企業のA社の株式につぎ込むと、A社の株価が上昇すれば資産が増えますが、下落すると資産が減ってしまいます。

では、資金を二分してA社とB社、2社の株式に分けて投資した場合を考えてみましょう。A社・B社の株価がともに上昇すれば資産が増えます。A社が下がっても、B社が上がれば、A社の損失をB社の利益で相殺できるでしょう。ただ株式相場全体が悪化しているような場面ではA社・B社の株がともに値下がりすることも想定できます。

そこで、資金を株式に限定せず国債といった他の資産クラス（投資対象となる資産の種類のこと）にも分散すること、投資先を日本に限定せず、海外の資産クラスにも投資することを思いついたとします。株式が値下がりしている時に、国債が値上がりすればトータルでバランスが取れます。

このように複数の資産クラスに投資をしてリスクを抑えることを「分散投資」と呼び、分散すればするほどリスク低減効果が大きくなります。

ただし注意しなければならないのは、それぞれの資産クラスの価格変動の相関度合いと価格変動の大きさを理解した上で資産配分を決定しないと分散効果が得られにくいということです。「分散投資しているのに大きく損してしまった」という相談をよく受けますが、こういった方々はたいていこの点を理解せずに投資されています。

相関度合いとは金融の専門用語では「相関係数」と呼ばれ、異なる2つの資産クラスの価格の動きの関係性を数値化したものです。ある資産クラスの価格が上昇（下落）する時、もう1つの資産クラスの価格がどのような動きになるのかを確認するわけです。実際には過去3年など、価格変動の実績値を使って算出しますが、この相関係数は最大値がプラス1・0、最小値がマイナス1・0です。例えば、資産クラスAとBの過去3年間の日々の価格変動の相関係数が1・0とすると、この2つの資産クラスは価格の上昇と下落が変動の率は異なっても方向は全く同じだったことを示しています。一方、マイナス1・0であったとすると、一方の価格が上がった時に常にもう一方は下落していたというわけです。

相関の低い資産クラスをそれぞれのリスクの影響度と考慮して組み合わせると期待される収益率は変わらずに価格変動特性を安定させることができます。これを我々は「分散マジック」と呼んでいますが、我々だけでなく世界のプロの投資家はこの効果を最大限高めることを目標に運用を行っていると言っても過言ではないでしょう。

「リスク・バジェッティング」で分散マジックを実現

資産運用の世界でリスクとは「危険」ではなく、結果が不確実であることを意味し、それはつまり値動きの大きさを意味します。値動きが小さければ「リスクが低い」、一方で大きければ「リスクが高い」と言います。値動きが大きな資産クラスへの投資であれば、高い利益を期待できる反面、大きな損失を被る場合もあります。逆に、値動きの小さい資産クラスへの投資であれば、高い利益は期待できませんが、その分、大きな損失を被る可能性も小さくなります。リスクはプラスもマイナスも含む「運用結果の振れ幅」であると理解いただければと思います。

資産配分ではなく、リスク配分に注目することにより、効率的なリスク管理と分散投資を行う考え方を「リスク・バジェッティング」と呼び、ピクテが運用しているアセット・アロケーション運用もこのリスク・バジェッティングの手法を用いています。

直訳すれば、「リスクを割り当てる」ことです。株式に何パーセント、債券に何パーセントといった資産配分から入るのではなく、それぞれが持つリスク量（標準偏差）と取ることができるリスク量の観点から、リスクを割り当てるように株式や債券などの組み合わせを決めていくという考え方で、より高い分散効果が期待できます。

従来型のアセット・アロケーションでは資産額の時価を基準に配分したり、変更したりするだけで、全体が持つリスクを適切に管理することができません。しかしリスク・バジェッティングの考え方を取り入れることで、リスク管理に重きを置いた分散投資が可能になります。

前述したように、様々な投資のなかでも投資信託に関して、「専門家が運用してくれるから安心」「分散投資をして運用する商品だからリスクが低い」、その上「複数の投資信託を保有すれば、より高い分散投資効果が得られる」――このような誤解をしている人は少なくありません。

しかし投資信託が株式や債券など変動商品の組み合わせである以上、市場変動により、含み損を抱える時期が来る可能性もあります。そのリスクの度合いをどう見積もり、管理し、そして見返りとしてのリターンを積み重ねていくのか。これこそが投資の本質です。単純に「多くの人が購入している商品だから」「金融機関の担当者に勧められたから」といった理由で購入してしまうと、いつか後悔することになるかもしれません。

実際に分散マジックを実行してみる

ひと口に投資信託といっても様々な種類があり、どんな組み合わせの分散投資が望ましいかは難しい問題です。収益率が期待できる資産クラスを選定するのは当然でありますが、

分散投資を行うにあたり重要なことは、

①相関度合いの低いあるいは逆相関の資産を組み合わせる
②リスク水準を考慮して配分比率を考える

の2点です。

繰り返しになりますが、相関度合いとはそれぞれの資産がどの程度同じような動きをするかどうかを表す指標です。分散効果を発揮させるには、できるだけ相関が低いか逆相関の資産を組み合わせるべきです。

図表4－2は、各投資対象との相関係数を示したもので、「新興国国債」と「世界株式」の相関係数は0・84となっています。これは世界株式が下がると新興国国債も下がってしまうことが多いという関係にあることを意味します。このような関係にある投資信託を組み合わせて保有していても分散投資効果はそれほど期待できません。

図表4－2 — 相関係数例

	世界株式	新興国株式	欧州株式	アジア株式	米国株式	日本株	世界国債	新興国国債	ユーロ国債	米国債	アジア債券	日本国債	豪ドル国債	原油
世界株式		0.89	0.89	0.87	0.98	0.85	0.73	0.84	0.71	0.49	0.77	-0.34	0.77	0.57
新興国株式			0.86	0.98	0.83	0.73	0.66	0.88	0.68	0.35	0.72	-0.28	0.85	0.63
欧州株式				0.82	0.82	0.71	0.71	0.82	0.80	0.27	0.62	-0.22	0.78	0.58
アジア株式					0.82	0.72	0.66	0.85	0.67	0.39	0.72	-0.27	0.81	0.57
米国株式						0.81	0.71	0.79	0.67	0.54	0.76	-0.35	0.72	0.52
日本株							0.63	0.73	0.59	0.49	0.68	-0.33	0.66	0.45
世界国債								0.79	0.93	0.81	0.85	-0.13	0.79	0.42
新興国国債									0.78	0.51	0.82	-0.21	0.89	0.53
ユーロ国債										0.60	0.73	-0.13	0.79	0.45
米国債											0.78	-0.23	0.49	0.20
アジア債券												-0.22	0.77	0.38
日本国債													-0.19	-0.29
豪ドル国債														0.59
原油														

※期間:2006年7月末～2016年7月末
※世界株式:MSCI世界株価指数、新興国株式:MSCI新興国株価指数、欧州株式:MSCI欧州株価指数、アジア株式:MSCI新興国アジア株価指数、米国株式:S&P500種指数、日本株式:TOPIX、世界国債:シティ世界国債指数、新興国国債:JPモルガンGBI-EMグローバル・ディバーシファイド指数、ユーロ国債:シティEMU国債指数、米国債:シティ米国国債指数、アジア債券:JPモルガンEMBIグローバル・ディバーシファイド指数、日本国債:シティ日本国債指数、豪ドル国債:シティ・オーストラリア国債指数、原油:WTI原油先物(すべて円換算)
出所:ブルームバーグのデータを使用しピクテ投信投資顧問作成

図表4－3 — 各資産のリスク

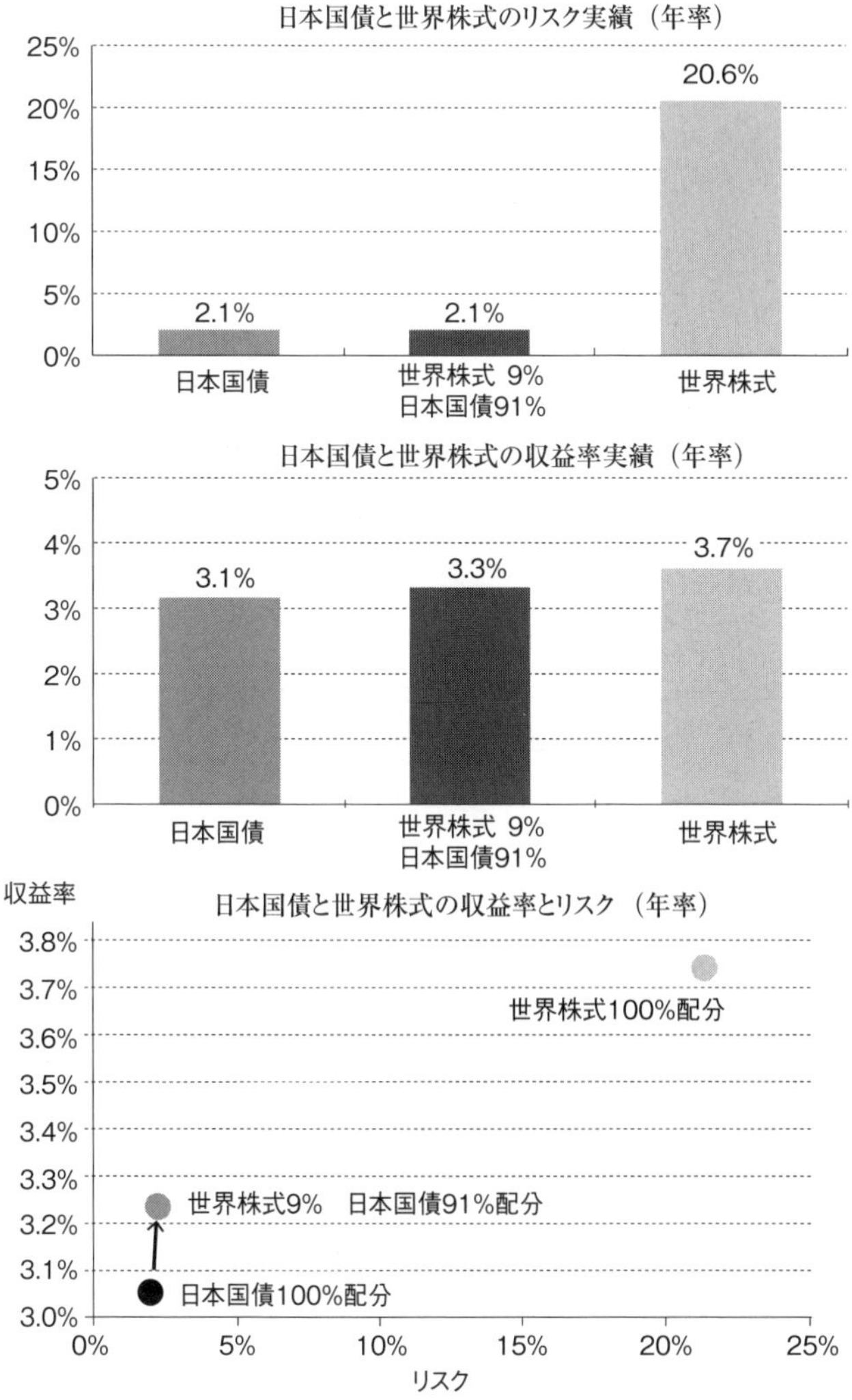

期間：2006年7月末～2016年7月末、年率、リスクは月次リターンの標準偏差
※日本国債：シティ日本国債指数、世界株式：MSCI世界株価指数（円換算）
出所：ブルームバーグのデータを使用しピクテ投信投資顧問作成

一方、「日本国債」と「世界株式」の相関はマイナス0・34で、多少逆相関になっており、組み合わせることにより分散効果を得られることが期待されます。

では相関の低い資産を単純に50％ずつ保有すればいいのでしょうか？

株式と債券を組み合わせる運用をバランス運用と言いますが、実際にバランスさせるには組み合わせる資産の価格変動特性、特にリスク量を理解する必要があります。

2006年7月から2016年7月までのデータを使って各資産のリスク（標準偏差）を見てみましょう（図表4－3）。世界株式が約21％に対し、日本国債は約2％です。世界株式のほうが日本国債よりも10倍程度リスクが高く、つまり、これは世界株式のほうが10倍近く変動するということを意味します。このため単純に50％ずつ保有すると、その組み合わせた資産の価格変動は世界株式の変動に大きく影響を受けることになります。それでは、うまくバランスさせるにはどうすればいいのでしょうか？ 世界株式の変動を日本国債の変動で中和するにはリスクの低い日本国債を世界株式よりも10倍多く保有すればいいのです。配分比率では世界株式9％と日本国債

図表4－4 — 分散マジックを進化させた「マルチアセット・アロケーション運用戦略」

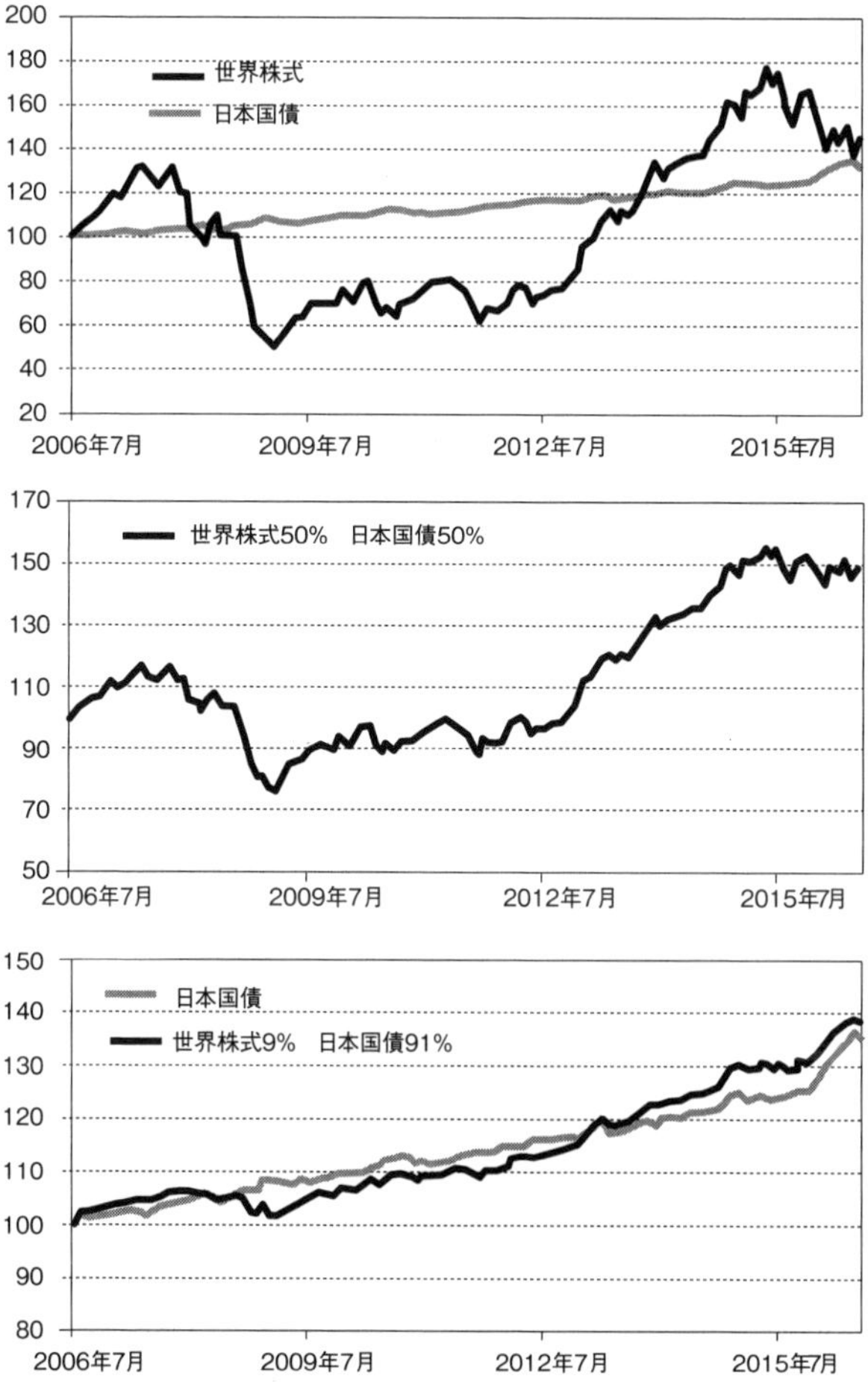

※期間：2006年7月末～2016年7月末
※日本国債：シティ日本国債指数、世界株式：MSCI世界株価指数（円換算）
2006年7月末＝100として指数化
出所：ブルームバーグのデータを使用しピクテ投信投資顧問作成

91％の配分がちょうどいい水準と言えます。この配分で保有した場合のリスク量は日本国債とほぼ同じで、パフォーマンスは年率０・２％引き上げることができています（図表４－４）。

これがリスク・バジェティングに基づく分散投資の考え方ですが、実際の運用はもっと複雑で幅広く分散投資を行うものです。例えばピクテ・マルチアセット・アロケーション・ファンド（愛称：クアトロ）は20以上の異なる資産に投資を行っています（図表４－５・リスクと費用については巻末記載）。マルチアセット・アロケーションとは一つのポートフォリオの中に世界中の様々な資産クラス（アセットクラス）を組み込み、分散投資を行う運用手法です。クアトロは投資対象も株式や債券のみならず、絶対収益を目標とするオルタナティブ運用戦略にも投資を行っています。また、２０１６年7月末現在、株式・リートへの資産配分比率は20・８％しかありませんが、リスク配分比率は50・１％と、債券とオルタナティブのリスク配分率合計とほぼ同じ程度を保有することでリスク量をバランスさせていることがお分かりいただけると思います。

図表4－5 — クアトロの配分比率

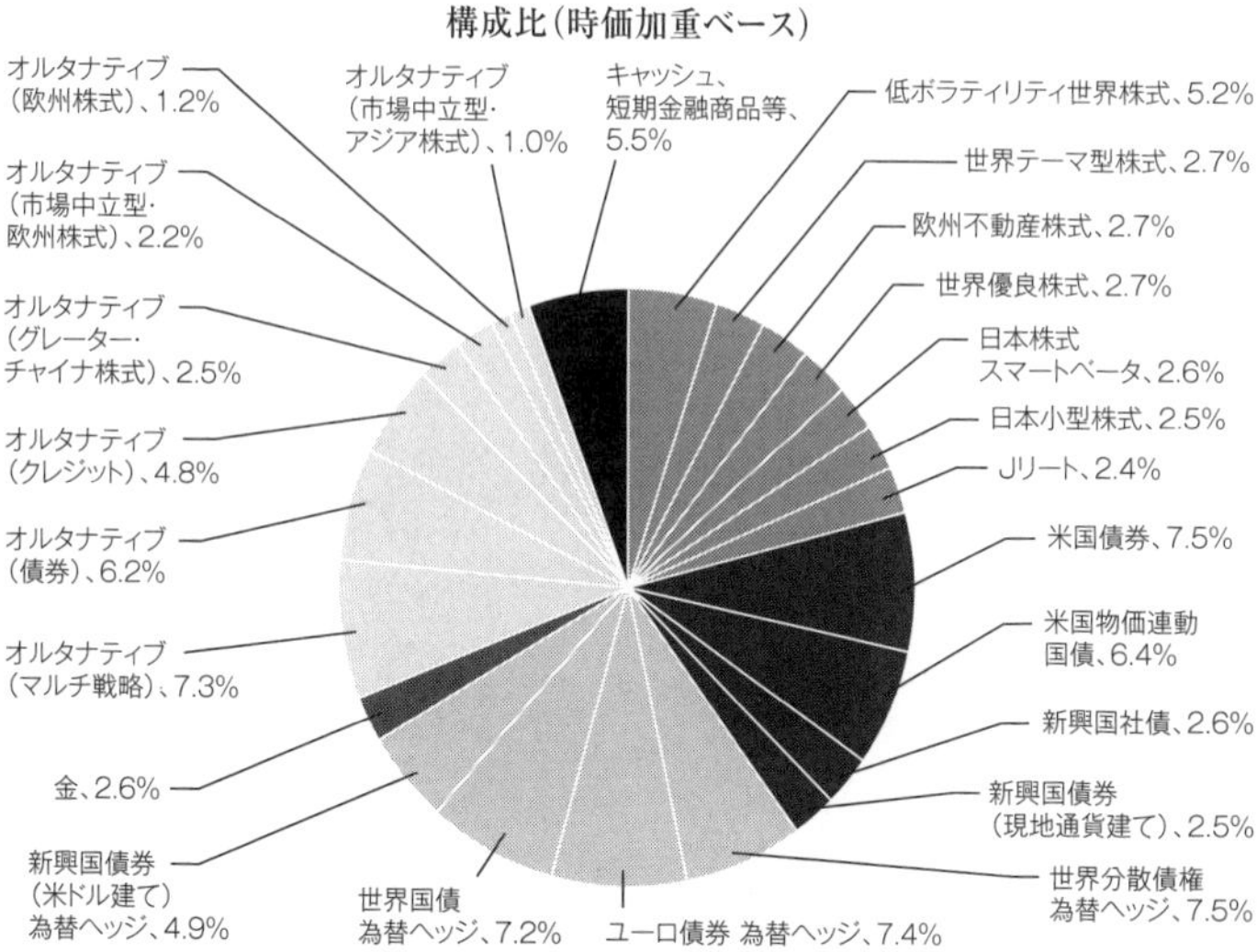

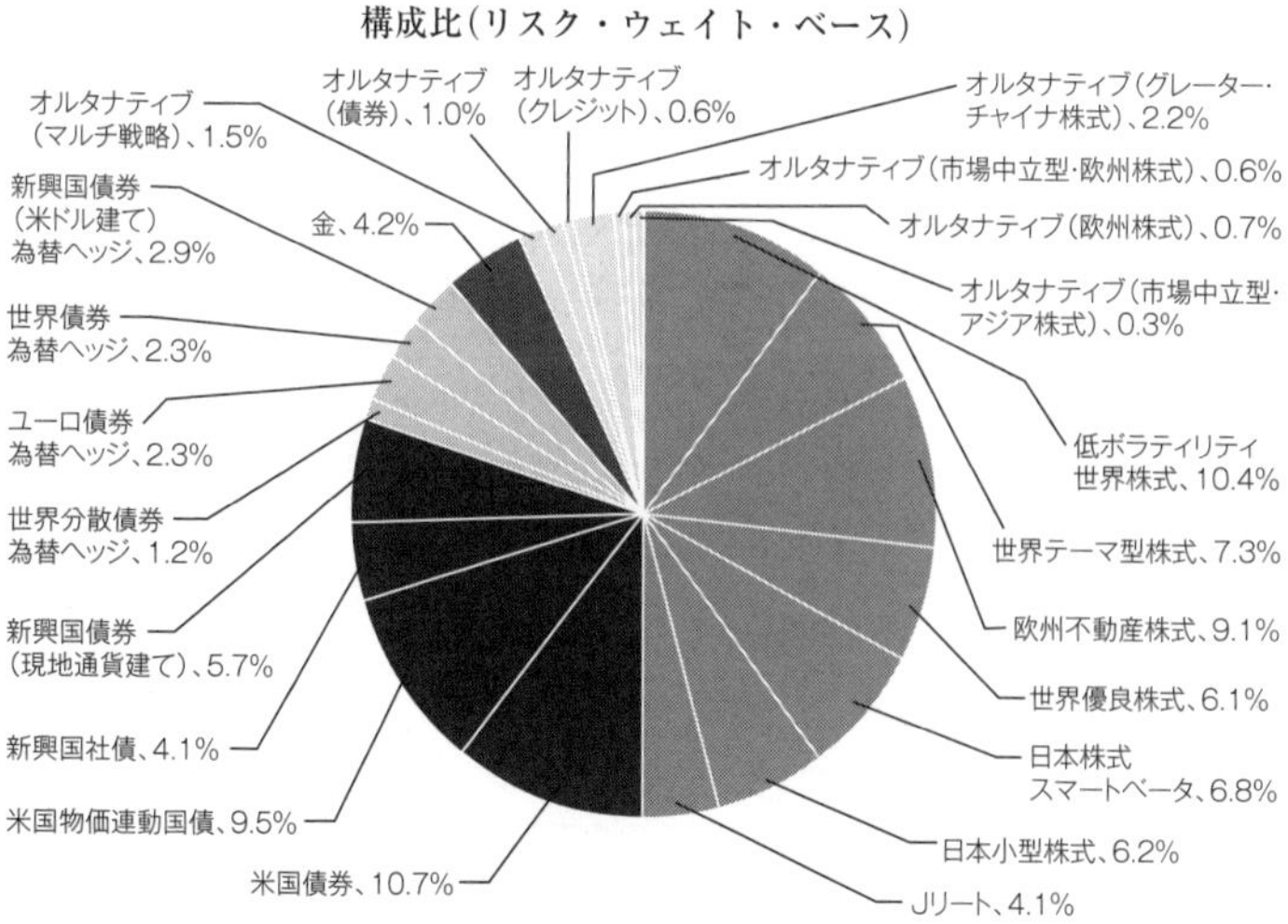

※構成比は2016年7月末時点、リスク算出期間は2016年4月末～2016年7月末
※構成比は実質比率(マザーファンドの組入比率×マザーファンドにおける当該資産の組入比率)
※リスクは期間中の日次リターンの標準偏差(年率)を使用
※便宜上、キャッシュ、短期金融商品等のリスクは0%としています。
出所：ブルームバーグのデータを使用しピクテ投信投資顧問作成

図表4－6 ― 投資対象資産間の相関係数

	低ボラティリティ世界株式	世界テーマ型株式	欧州不動産株式	世界優良株式	日本株式スマートベータ	日本小型株式	Jリート	米国債券	米国物価連動国債	新興国社債	新興国債券（現地通貨建て）	世界分散債券 為替ヘッジ	ユーロ債券 為替ヘッジ	世界国債 為替ヘッジ	新興国債券（米ドル建て）為替ヘッジ	金	オルタナティブ（マルチ戦略）	オルタナティブ（債券）	オルタナティブ（クレジット）	オルタナティブ（グレーター・チャイナ株式）	オルタナティブ（市場中立型・欧州株式）	オルタナティブ（欧州株式）	オルタナティブ（市場中立型・アジア株式）
低ボラティリティ世界株式		0.84	0.85	0.84	0.75	0.69	0.66	0.84	0.84	0.76	0.76	0.19	0.15	-0.04	0.24	0.07	0.29	0.20	-0.18	0.32	0.12	0.66	0.22
世界テーマ型株式			0.84	0.98	0.67	0.77	0.64	0.63	0.63	0.85	0.87	0.12	-0.08	-0.10	0.15	-0.12	0.30	0.04	-0.18	0.36	0.08	0.71	0.21
欧州不動産株式				0.83	0.76	0.63	0.62	0.68	0.68	0.74	0.84	0.19	0.05	-0.06	0.22	-0.06	0.28	0.15	-0.20	0.41	0.01	0.74	0.27
世界優良株式					0.66	0.77	0.67	0.63	0.64	0.86	0.86	0.10	-0.05	-0.08	0.18	-0.13	0.31	0.05	-0.18	0.35	0.09	0.68	0.19
日本株式スマートベータ						0.79	0.46	0.73	0.72	0.72	0.69	0.18	0.12	-0.10	0.22	-0.00	0.29	0.29	-0.14	0.40	0.10	0.57	0.25
日本小型株式							0.64	0.74	0.74	0.69	0.75	0.14	0.12	-0.01	0.25	0.06	0.20	0.20	-0.25	0.30	0.07	0.62	0.24
Jリート								0.49	0.49	0.51	0.58	0.10	0.12	0.07	0.29	0.02	0.34	0.09	-0.34	0.34	0.05	0.61	0.20
米国債券									0.98	0.76	0.61	0.16	0.21	-0.07	0.15	0.19	0.24	0.23	-0.13	0.32	0.03	0.39	0.17
米国物価連動国債										0.75	0.63	0.19	0.25	-0.05	0.20	0.21	0.25	0.22	-0.20	0.35	0.02	0.42	0.17
新興国社債											0.85	0.04	-0.06	-0.04	0.16	-0.00	0.22	0.19	-0.01	0.40	-0.10	0.45	0.09
新興国債券（現地通貨建て）												0.12	-0.14	0.02	0.19	-0.01	0.20	0.10	-0.15	0.38	-0.02	0.59	0.17
世界国債為替ヘッジ													0.14	0.12	0.28	0.33	0.12	0.03	0.01	0.10	0.04	0.15	-0.07
世界分散債券為替ヘッジ														0.25	0.30	0.09	0.12	0.40	-0.27	-0.15	0.02	0.18	0.04
ユーロ債券為替ヘッジ															0.02	-0.10	0.03	0.02	-0.15	-0.00	-0.01	-0.01	-0.19
新興国債券（米ドル建て）為替ヘッジ																0.33	0.24	0.34	-0.32	0.13	0.05	0.33	0.11
金																	0.00	0.23	-0.09	0.02	-0.14	-0.11	-0.06
オルタナティブ（マルチ戦略）																		0.29	-0.19	0.66	0.42	0.61	0.23
オルタナティブ（債券）																			0.11	0.18	-0.08	0.22	-0.01
オルタナティブ（クレジット）																				-0.05	-0.35	-0.37	-0.29
オルタナティブ（グレーター・チャイナ株式）																					0.06	0.44	-0.01
オルタナティブ（市場中立型・欧州株式）																						0.32	0.20
オルタナティブ（欧州株式）																							0.35
オルタナティブ（市場中立型・アジア株式）																							

※2016年4月末～2016年7月末
出所：ブルームバーグのデータを使用しピクテ投信投資顧問作成

図表4－7 ― 投資ファンドの加重平均リスクとクアトロのリスク

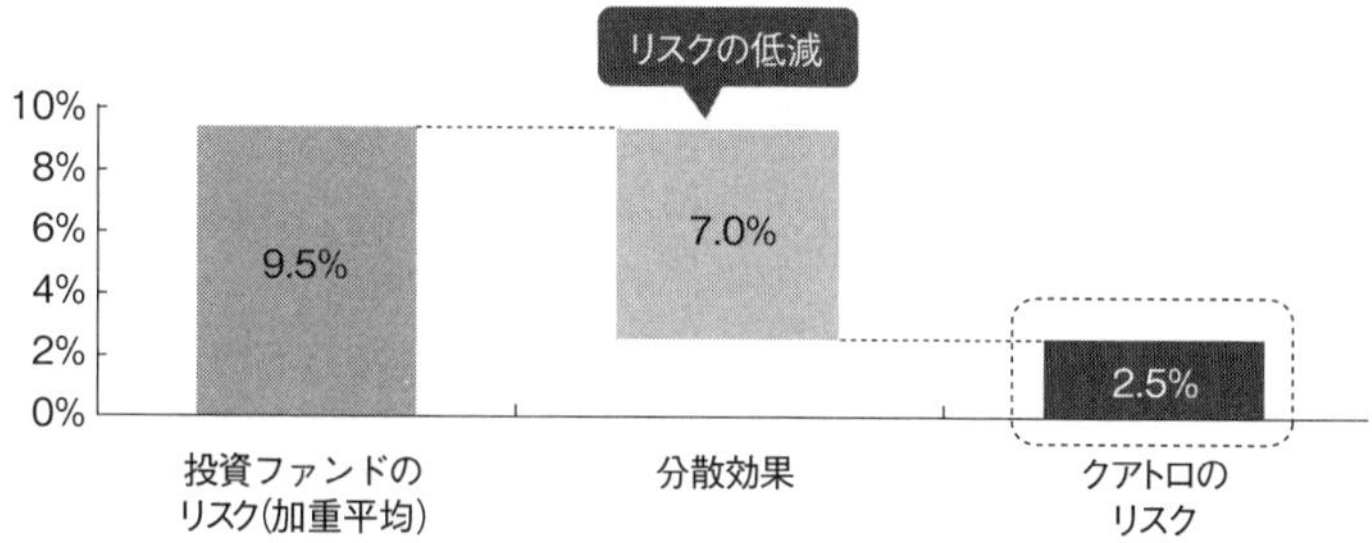

※リスク算出期間：2016年4月末～2016年7月末
※リスク低減効果はあくまでも参考値です。
※投資対象資産のリスク(加重平均)：2016年7月末現在の構成比をもとに計算。リスクは期間中の日次リターンの標準偏差（年率）を使用
出所：ブルームバーグのデータを使用しピクテ投信投資顧問作成

それぞれの資産の相関は図表4－6のように低く、分散が効いたポートフォリオとなっています。

これらクアトロの投資対象資産を構成比で加重平均したリスクは9・5％でしたが、分散投資の効果により、クアトロのリスクは2・5％となりました（図表4－7）。

このような運用は市場が大きく混乱した時に威力を発揮します。世界中の資産が同時に大暴落を起こしたリーマン・ショック時を見てみましょう。図表4－8にあるように、市場は新興国株式マイナス56・7％、先進国株式マイナス49・6％、日本株式マイナス42・1％というように、資産を半減

図表4－8 ― ピクテのマルチアセット・アロケーション戦略のパフォーマンスの推移

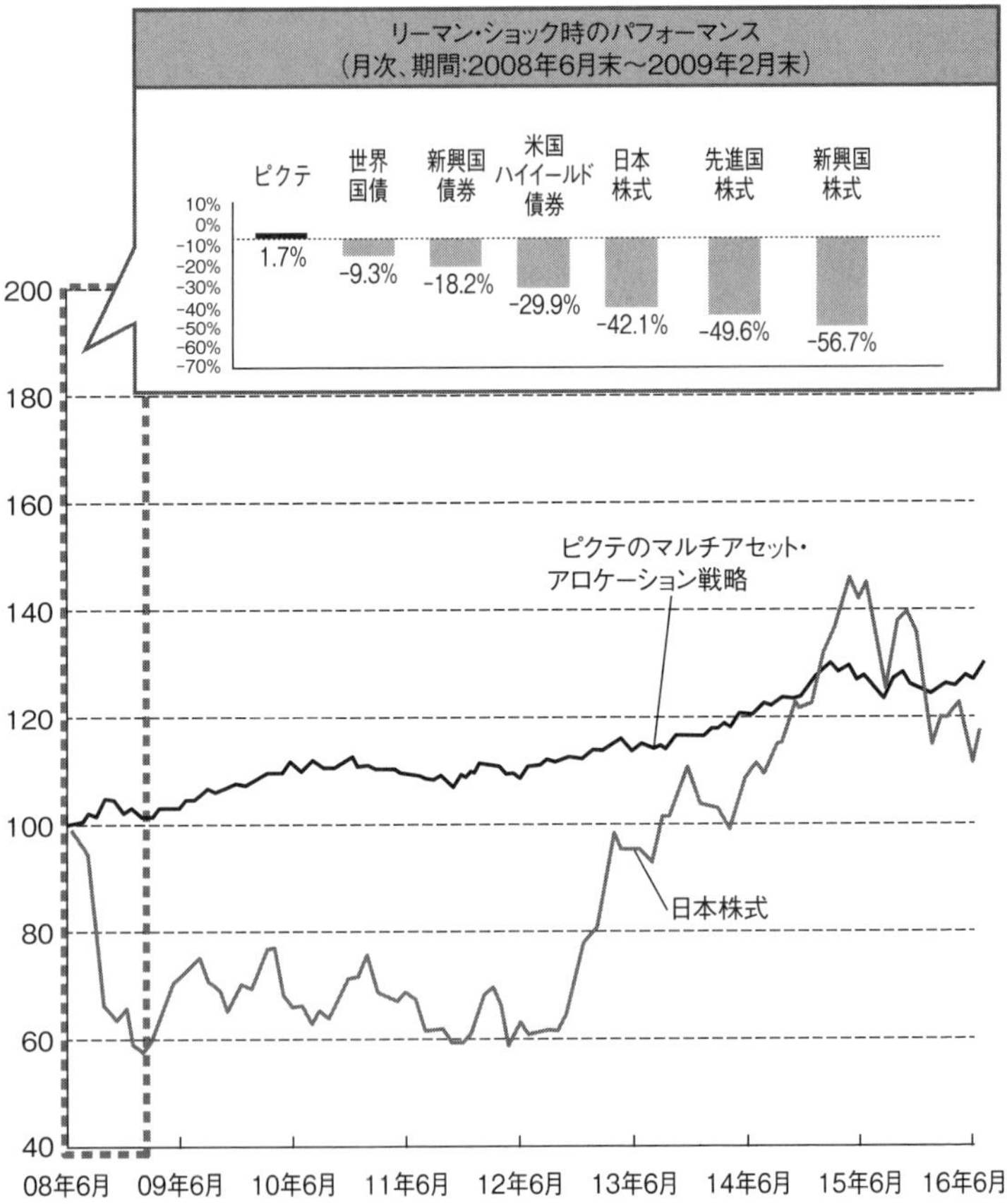

※期間:2008年6月末～2016年7月末　2008年6月末＝100として指数化
※ピクテ:ピクテのマルチアセット・アロケーション戦略（ユーロベースの低リスク型アセット・アロケーション運用（費用控除後、円ヘッジベース）
※世界国債:シティ世界国債指数、新興国債券:JPモルガンEMBIグローバル・ディバーシファイド指数、米国ハイイールド:バンクオブアメリカ・メリルリンチ米国ハイイールド指数、日本株式:TOPIX、先進国株式:MSCI世界株価指数、新興国株式:MSCI新興国株価指数（すべてトータル・リターン、円換算）
出所:ピクテ・アセット・マネジメント、ブルームバーグのデータを使用しピクテ投信投資顧問作成

ピクテのマルチアセット・アロケーション戦略の実績は、ユーロベースの運用成果を円ヘッジしたと仮定したもので、クアトロの運用実績ではありません。クアトロには為替リスクがあります。

また、過去の実績であり、将来の運用成果等を示唆あるいは保証するものではありません。

させるような事態に追い込まれたのです。

米国ハイイールド債マイナス29・9%、新興国債券マイナス18・2%、世界国債マイナス9・3%と、株式だけでなく債券も同時に大きく下落した厳しい状況でした。

そうしたなか、リスク・バジェッティングの考え方で徹底的な分散投資を行い、ピクテ・グループが海外で提供する「ピクテ・マルチアセット・アロケーション戦略」は、このリーマン・ショックの時期にプラス1・7%という収益を上げることができています。

マイナス金利で分散投資のあり方が変わる

株式と国債への分散投資の有効性は、ここ数十年の間に研究された資産運用に関する理論である「モダンポートフォリオ理論」などにより証明されています。

ところが、分散投資に向けた第一歩を踏み出したところで、大きな問題が立ちはだかります。２０１４年の欧州中央銀行によるマイナス金利政策に続く２０１６年2月の日本銀行による同政策の導入で、モダンポートフォリオ理論が機能するための前提が大きく変わってしまったのです。

例えば、これまではリスクが非常に小さいながら、一定の利子収入をもたらしてくれる安全資産の代表格だった、各国の国債の金利水準は一気に低く、あるいはマイナスとなってしまい、国債への投資では収益率は確保できなくなってきました。分散化されたポートフォリオで従来は国債が果たしてきた、株式などのリスク資産の価格が下落した時のクッション機能も大幅に低下してしまいました。

今後、国債の利回りはさらに低下するよりも上昇するリスクを意識する必要があります。利回りが上昇すると国債の価格は下落します。国債は安全資産ではなく、ただのリスク資産になってしまったのです。また、先進各国の政府債務残高が膨張を続けているので、デフォルトリスクさえも意識する必要があるのです。

先進国の公的債務残高は、ＧＤＰに対する割合が80％程度を超えてくると、デフォルト率が上昇する傾向があります。国債がデフォルトするリスクをソブリンリスクと呼びますが、それはギリシャ危機に代表される欧州（イタリア約160％、フランス約120％）にとどまらず、日本約230％、アメリカ約110％（OECD「Economic Outlook 98」2015年11月）というように、各国で80％を大きく超えています。

想定されるリスクとして、通貨が過剰に供給されたことに起因する貨幣インフレも挙げられます。現在のような投資環境では、これまで有効とされてきた資産分散とは異なる、新しい発想に基づいた分散投資が求められるのです。

分散投資を行うにあたってのリスクとは？

ポートフォリオを組む時は、流動性と価格変動（ボラティリティ）に留意する必要があります。図表4－9は、各投資対象の流動性リスク、価格変動リスクの大小と一定の条件で算出した期待利回りを位置づけたものです。バブル（円）の大きさは、各資産の時価総額の大小を取りました。時価総額とは、株式であれば株価×発行済み株式数のことであり、時価総額が大きいということは概して市場規模が大きいことを意味します。

市場規模が大きければ、売りたいと思って市場に売り注文を出した時に、買い手が現れやすいと言えます。流動性リスクとはまさにこの「売りたい時に売れないリスク」です。いくら利回りが高かったり値上がり期待が高かったりしても、もし売りたい時に売れなければ、そのリターンは絵に描いた餅ですし、無理に売ろうとすると大きく値段を下げないと買い手が現れない可能性があります。これまで流動性リスクのことに触れる人はあまり多くありませんでしたが、私はこれからは特に重要な観点になると見ています。

グラフの縦軸は各資産クラスの期待利回り、横軸はリスク（過去10年）の実績値となっています。期待利回りは、債券は最終利回り、株式・ＲＥＩＴは益利回り＋成長

図表4－9 — 各資産の流動性、価格変動リスクと期待利回り

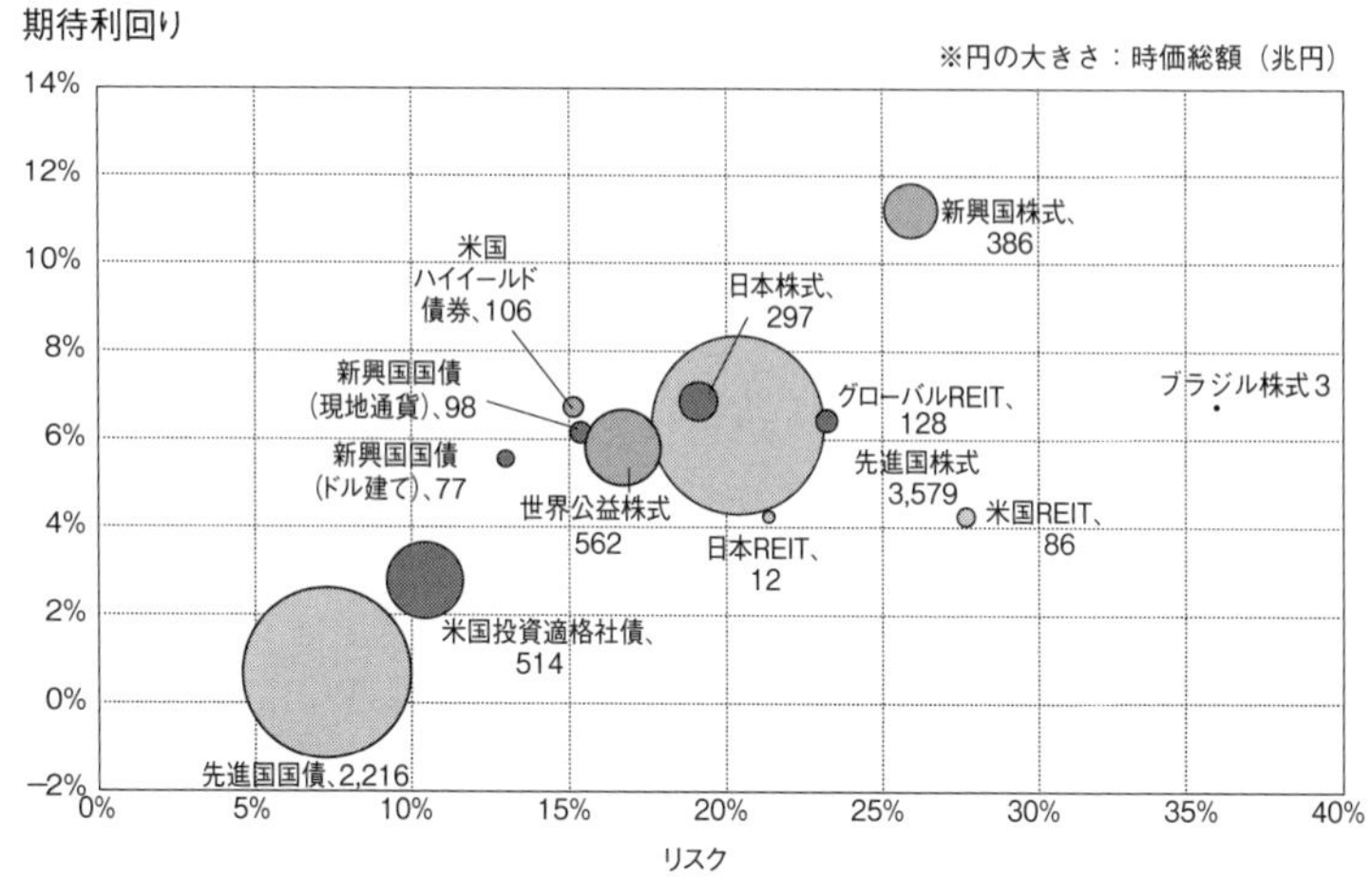

※期間：2016年6月末時点。リスクは過去10年の月次リターンの標準偏差（年率）。グラフ中の数値は時価総額（兆円）。

※先進国国債：シティ世界国債指数、米国投資適格社債：シティ米国投資適格社債指数、世界公益株式：MSCI世界公益株価指数、米国ハイイールド債券：シティ米国ハイイールド債券指数、新興国国債（ドル建て）：JPモルガンEMBIグローバル・ディバーシファイド指数（時価総額はJPモルガンEMBIグローバル指数）、新興国国債（現地通貨）：JPモルガンGBI-EMグローバル・ディバーシファイド指数（時価総額はJPモルガンGBI-EMグローバル指数）、日本株式：TOPIX、先進国株式：MSCI世界株価指数、新興国株式：MSCI新興国株価指数、ブラジル株式：ブラジルボベスパ指数、日本REIT：東証REIT指数、グローバルREIT：S&P 世界REIT指数、米国REIT：MSCI米国REIT指数（すべて円換算）

※期待利回りは、債券は最終利回り、株式、REITは益利回り+成長率期待値（先進国株式、グローバルREIT、米国REIT、世界公益株式は2%、新興国株式、ブラジル株式は4%、日本株式、日本REITは1%とする）

出所：ブルームバーグ、JPモルガンのデータを使用しピクテ投信投資顧問作成

率期待値を使用して算出しています。あくまでも期待値ですので参考程度にお考えください。

さて、この図で見ると、先進国国債は価格変動リスクが低く、市場規模も大きい（流動性リスクも小さい）ため、比較的安心して保有ができ、売りたい時にいつでも売ることができると言えます。一方、ブラジル株式は価格変動リスクが大きい上に、市場規模も小さい（流動性リスクも大きい）ため、価格が暴落した時に売るに売れない状況に追い込まれる可能性があります。この図からは、個人投資家に人気の高いアメリカのＲＥＩＴも価格変動リスク、流動性リスクともに高いことが分かります。

効果的な分散投資を行うためには、流動性リスクと価格変動リスクも重要な要素となるのです。

オルタナティブ投資も活用。分散投資の実践例

ここで、もう一度ピクテのマルチアセット・アロケーション戦略を具体的に見てみましょう。

図表4-10は、ピクテ式マルチアセット・アロケーション戦略の資産配分を従来型バランス運用の配分と比較したものです。

すでにご紹介したように、マルチアセット・アロケーション戦略とは、一つのポートフォリオの中に世界中の様々な資産クラス（アセットクラス）を組み込み、分散投資を行う運用手法です。

資産クラスは、先進国株式ではアメリカ、欧州、日本、グローバル先進国など、新興国株式ではグローバル新興国、アジア、東ヨーロッパ、南米など多岐にわたります。

図表4-10 ― バランス運用とマルチアセット・アロケーション戦略

✔かつては株式、債券の低相関に依存した運用が主流。
✔今後は株式や為替のベータリスク、債券のデュレーション、クレジットやイールドカーブ・リスク、オルタナティブ、地域特性、運用戦略など、様々な資産のリスクとその相関に着目、幅広く分散投資することで最適ポートフォリオを構築する時代に。

従来型バランス

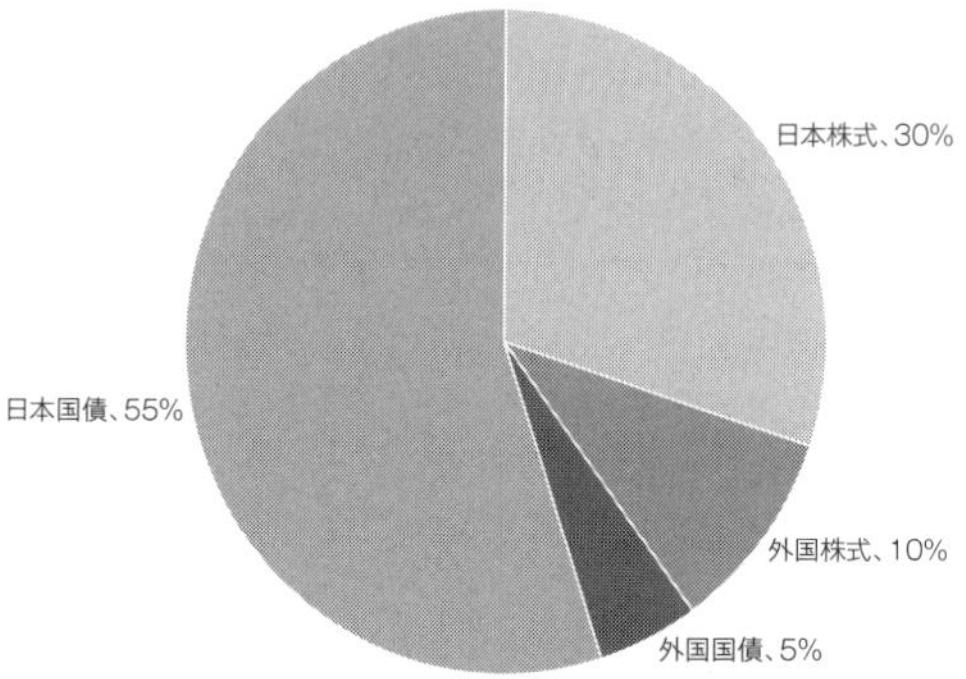

マルチアセット・アロケーション戦略

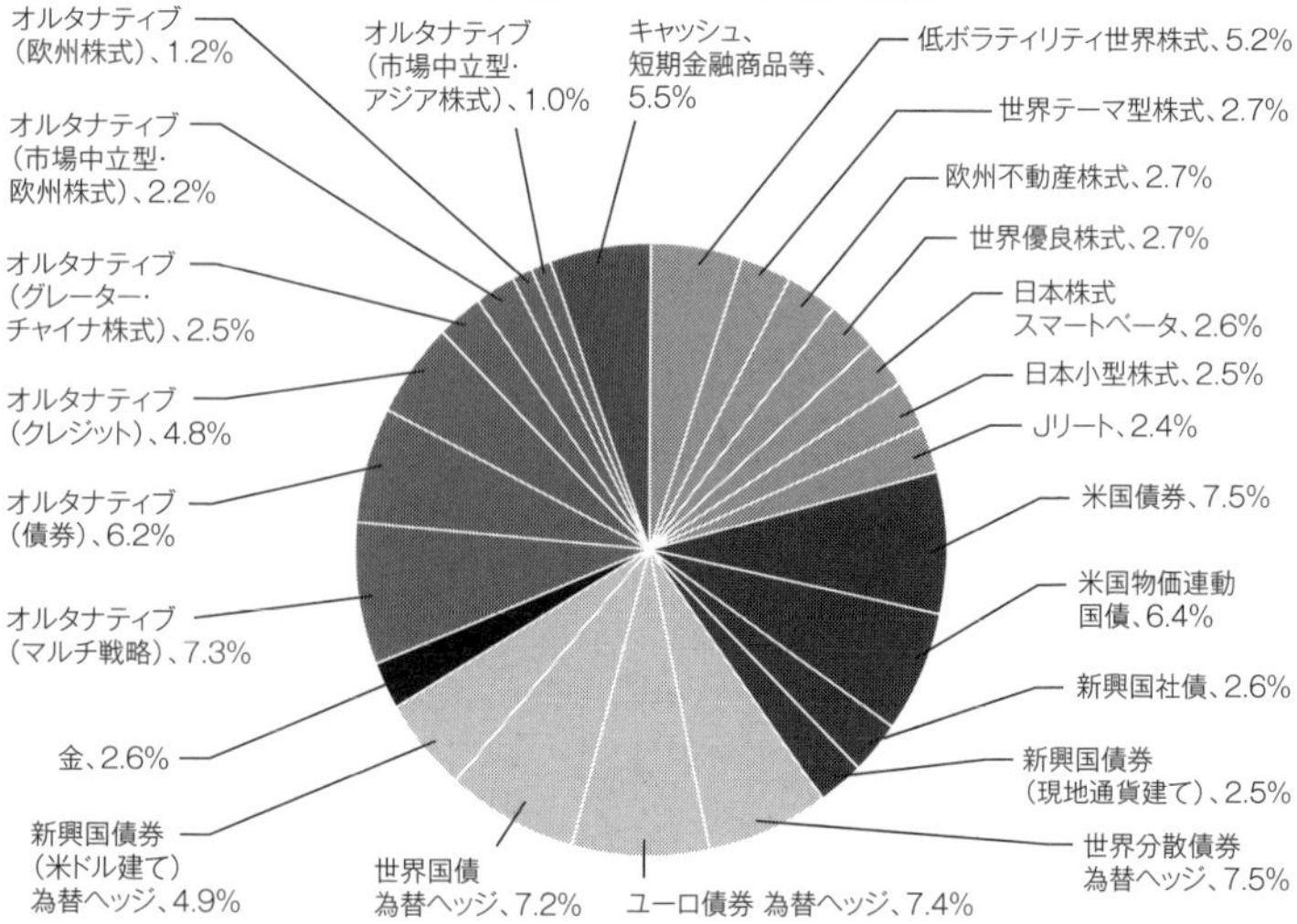

※上記はイメージです

先進国債券ではグローバル先進国債券、欧州国債、米国国債など、また新興国国債では米ドル建て、現地通貨建ての国債など、他にオルタナティブ戦略（ロング・ショート戦略等）も用います。

ロング・ショート（L／S）戦略とは「買い」を意味するロングと、「売り」のショートを組み合わせて収益を目指す運用手法のことです。割安な銘柄を買い、割高な銘柄を売ることで、市場の方向性に関係なく収益を得ることができます。L／S戦略には世界株式L／S、欧州中小型株式L／S、アジア株式L／S、日本株式L／Sなどがあります。

他にも、ETF、先物取引、REIT、コモディティ（商品）、さらにピクテならではの運用戦略としてバイオテック株式、農業関連株式、新興国高配当株式、世界高配当公益株式、欧州短期ハイイールド債券、資源国債券などを投資対象としています。

その結果、図表4－10の下図のポートフォリオは従来のバランス型とは比較にならないほどの徹底した分散投資が図られていることが分かります。しかもこの円グラフの配分比率は固定されたものではなく、機動的に変化します。それが図表4－11に表

図表4－11 — 資産配分比率の推移イメージ

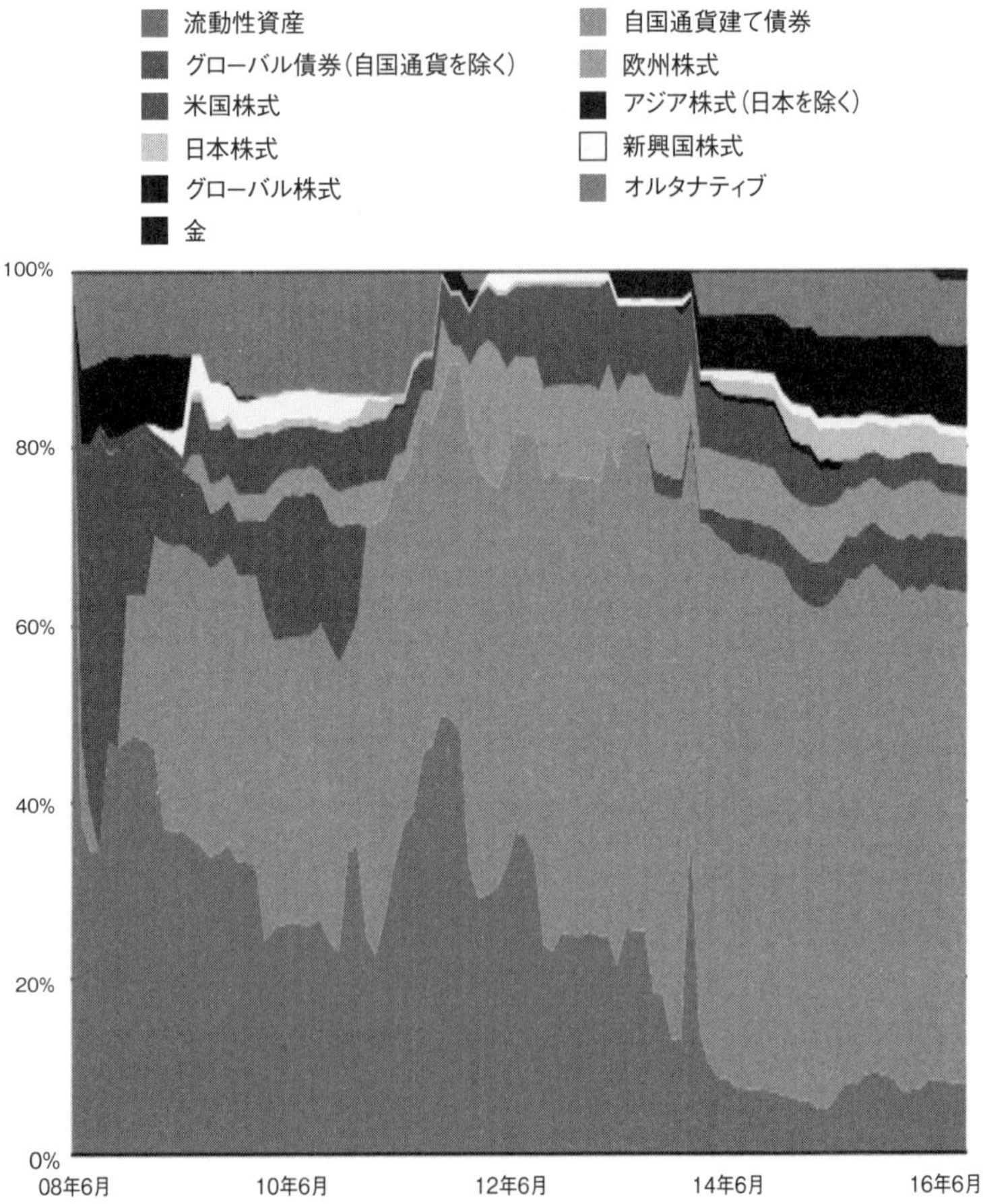

※期間：2008年6月末～2016年7月末
※ピクテのマルチアセット・アロケーション戦略（ユーロベースの低リスク型アセット・アロケーション運用（費用控除後、円ヘッジ））の資産配分推移
出所：ピクテ・アセット・マネジメントのデータを使用しピクテ投信投資顧問作成

図表4－12 — ピクテのマルチアセット・アロケーション戦略の運用実績

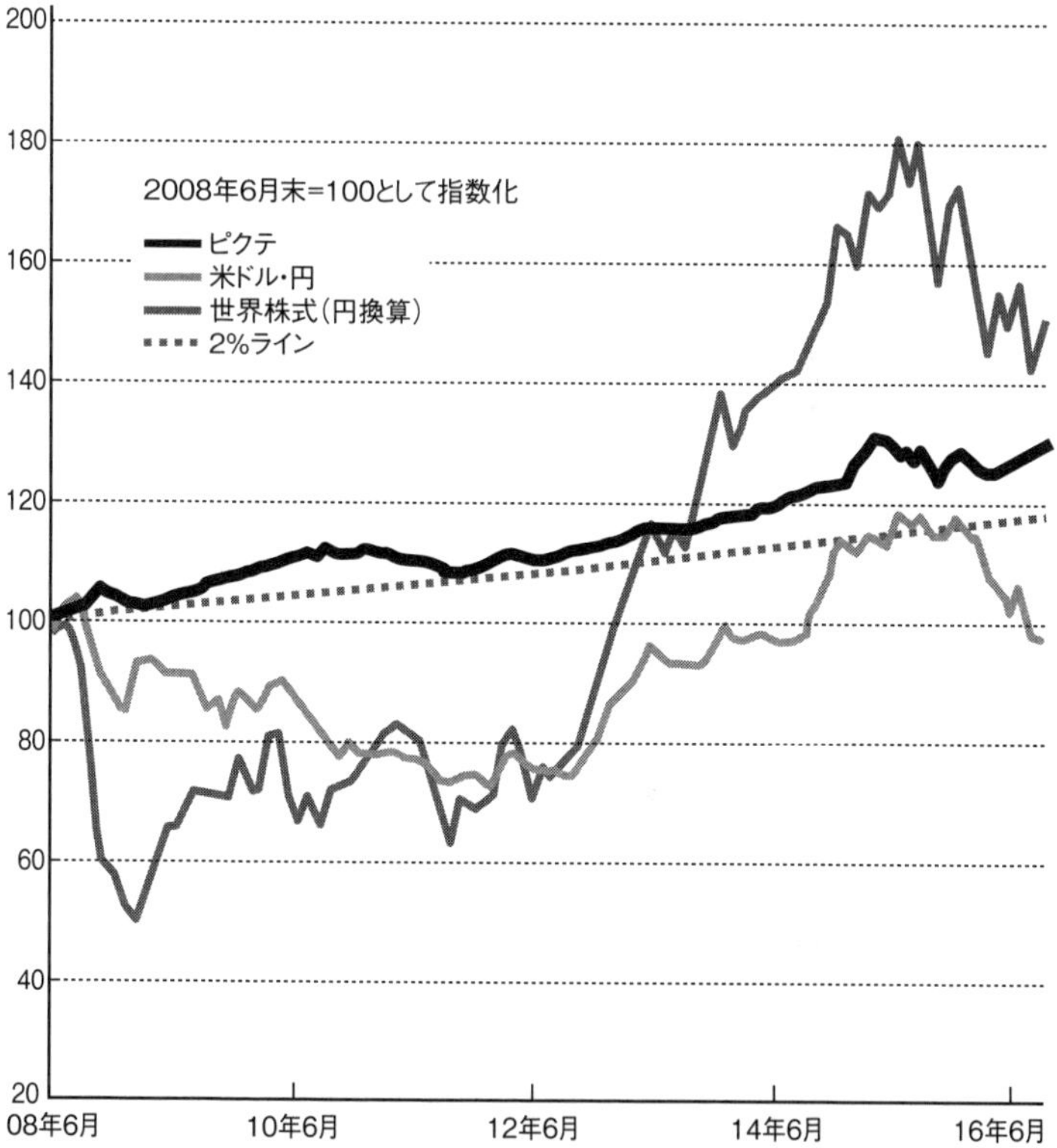

期間：2008年6月末~2016年7月末
※ピクテ：ピクテのマルチアセット・アロケーション戦略(ユーロベースの低リスク型アセット・アロケーション運用(費用控除後、円ヘッジ))
※世界株式：MSCI型世界株価指数(円換算、配当込)
※2%ライン・年率2%で運用した場合のシミュレーション
出所：ピクテ・アセット・マネジメント、ブルームバーグのデータを使用しピクテ投信投資顧問作成

ピクテのマルチアセット・アロケーション戦略の実績は、ユーロベースの運用成果を円ヘッジしたと仮定したもので、クアトロの運用実績ではありません。クアトロには為替リスクがあります。

また、過去の実績であり、将来の運用成果等を示唆あるいは保証するものではありません。

れています。

実際にこのマルチアセット・アロケーション戦略の効果を表したものが、図表4－12です。念のためにですが、この運用実績はピクテが2013年に日本市場に投入したピクテ・マルチアセット・アロケーション・ファンド（愛称：クアトロ）のものではありません。スイスで富裕層向けに行われている戦略の運用実績です。クアトロはこの運用戦略を採用しています。


グラフの真ん中の右肩上がりの点線は、政府・日銀が現在目指している物価上昇率2％のラインです。いわば「欲張らない投資」としての当ファンドの競争相手がこのラインと言えます。そして、リーマン・ショック直前の6月に、世界株式、米ドル／円、マルチアセット・アロケーション戦略にそれぞれ投資した場合の約8年の値動きを追っています。

世界株式はリーマン・ショックにより急落、その後はしばらく横ばいを続け、2012年6月以降、上昇に転じました。

米ドル／円はほぼ全期間、2%ラインを下回っています。

ここで、先に挙げたピクテのマルチアセット・アロケーションを見てみると、8年間2%をやや上回って推移していることが分かります。この期間については2%ラインを下回ることはなく、大きく上回ることもありませんでした。

なお、クアトロをはじめとした「欲張らない投資」を標榜する投資信託は、毎年2%のリターン獲得を目標に運用しているわけではなく、「ビクビク運用」に徹した結果を説明する際に、ちょうどこの日本のインフレ目標2%のラインが現在はベストマッチだということなのです。今後もこのラインを上下に縫うように推移していくことが望ましい値動きだと考えていますが、けっして運用上の目標にしたり、逆に制約にしたりしているわけではありません。

Chapter

5

程よいリスクで程よいリターンの「ちょっと欲張った投資」で長期分散投資に一歩踏み出る

「ちょっと欲張った投資」は投資信託運用の代表格

バブル経済崩壊以降、低金利時代に入ってつい最近までは、「ちょっと欲張った投資」が投資信託運用の代表格でした。２０００年代前半は投資信託と言えば為替リスクを取って先進国の国債や優良社債に投資するものなどが常に販売上位に名を連ねていましたが、これらは典型的な「程よいリスクと程よいリターン」、いわゆる中リスク中リターンの投資信託でした。これらの投資信託はリーマン・ショック時にも他に比べ高い下落抵抗性を発揮しました。

これらの商品は先進国の国債と優良社債などに分散投資することで債券価格の変動リスクを抑制するため、結果的に主なリスクは為替変動リスクが大部分を占めることになりました。この結果、基準価額の変動は為替の変動である程度把握することができる、という特性もありました。

しかし世界的に国債の利回りが大幅に下落した結果、このような、いわゆる外国債券ファンドへの投資魅力は薄れてしまいました。当時は利回りが4％程度期待できたのですが、現在では1％程度になってしまったからです。一方、為替はかつてと同じく変動していますので、ファンドの変動特性は変わらず中リスクのままです。

この世界的な低金利下では、先進国の国債や優良社債への投資で「程よいリスクで程よいリターン」を得ることは円安にならない限り、ほぼ不可能です。

これらに代わるものとして、為替変動リスクを低減して中リスクの資産クラスに投資する投資手法が「ちょっと欲張った投資」を実践するために最適な選択であると考えています。

程よいリスクと程よいリターンの水準とは？

「ちょっと欲張った投資」は「程よいリスクと程よいリターン」がキーワードですが、そもそも程よいリスクって何？　と思われる方もいらっしゃると思います。本章では程よいリスクと程よいリターンの関係について詳しく説明していきたいと思います。

程よいリスクとは程よい「下落」リスクと言えるでしょう。「投資を行うのだから下落リスクは許容する……が、短期的でも大幅な下落は避けたい」と誰しもが思うものです。多くの個人投資家はリスクとリターンは2つそろって一組となる対のようなものであること、リスクを取らねばリターンは得られないことは理解されているようです。ただ実際の投資行動において、リターンや分配金ばかりに目を奪われて許容しているリスク水準を意識していない方があまりに多くいるのも事実です。

また、より高いリターンを得るためにより高いリスクを取ると、想定以上に下落する可能性があるとは思いもよらないのです。

経験則から投資家が「大幅に下落し始めたかな？」と感じる水準が10％の損失、「大幅に下落してきた」と不安を覚える水準が25％の損失、「大幅に下落した」と感じ、「さらに下落するのでは」との恐怖感から冷静さを失わせる水準が40％の損失と考えています。この感覚は損失したことよりも、実際に損失した額を取り返す難易度と連動しているようです。

資産運用の鉄則ですが、損失率を限定することが投資成果を上げる重要な要素となります。それは損失率が高くなると、損失した部分を取り返すために必要な上昇率が高まるからです（図表5－2）。特に損失率が25％を超えてくると、取り返すために必要な上昇率が飛躍的に高まってきます。例えば20％の損失であるならば、損失率よりも5％多い25％の上昇でその損失を取り返すことができますが、損失率25％ですと約33％の上昇、損失率30％で約43％の上昇、損失率40％で約67％上昇、50％の損失率では100％の上昇率でないと取り返すことができません。（注）

程よいリスクの投資信託とは最悪の場合でも、その下落率が1年間で最大でも25％

図表5－1 —「ちょっと欲張った」投資の概念図

STEP2　程よいリスクと程よいリターン
「ちょっと欲張った」投資を考える

○短期的な下落リスクを意識して程よいリターンを期待する
中リスク・中リターン商品

○一時下落しても
5～9年程度は（回復を）**“待てる”**資金

○全体資産の
20～50%?

現在の環境下では、為替ヘッジされた中リスクの資産クラスに投資するファンドを選びましょう。

【一例】
○為替ヘッジされた世界公益株式ファンド
○為替ヘッジされたハイイールドファンド
○為替ヘッジされた新興国債券ファンド

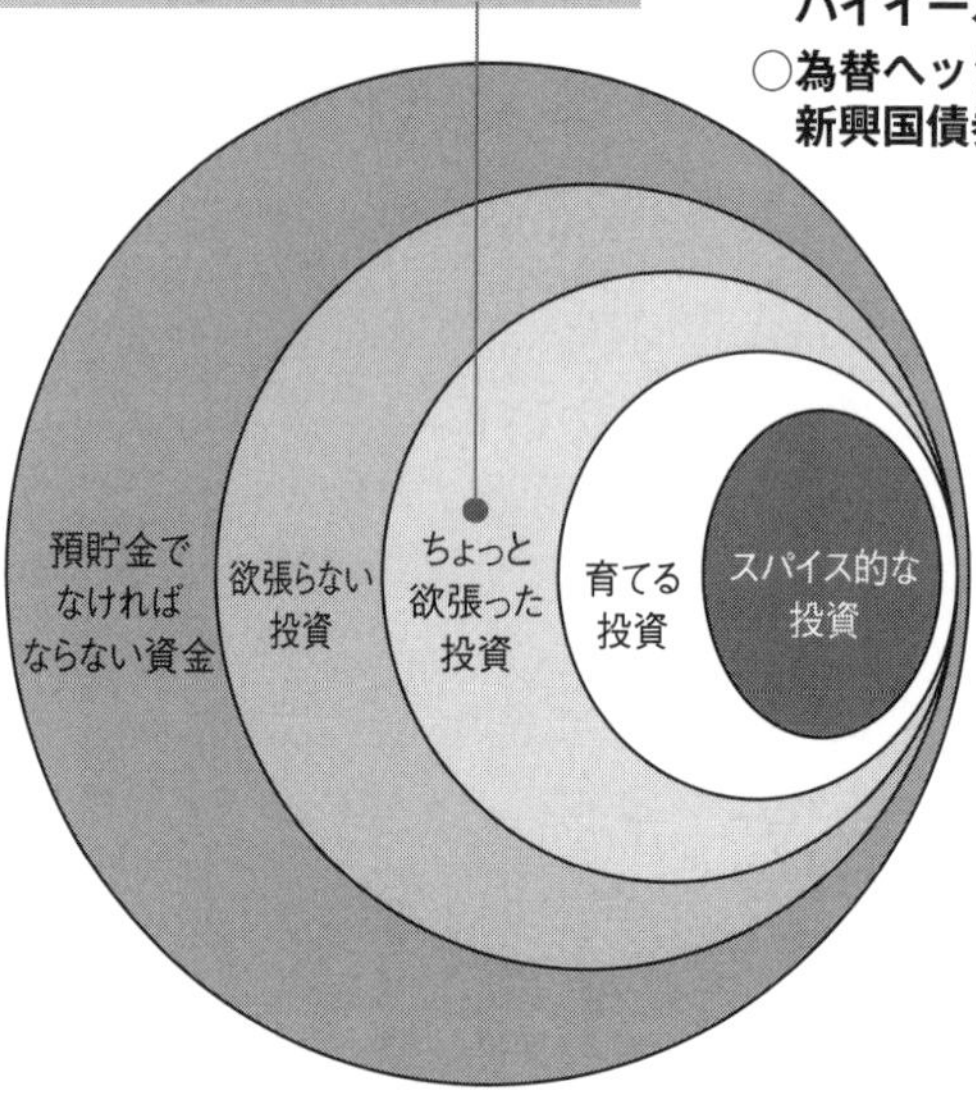

図表5-2 — 損失率と損失を取り返すために必要な上昇率の関係

投資元本 (円)	下落した際の基準価格 (円)	損失率 (A)	下落した際の基準価格 (円)	投資元本 (円)	損失を取り返すために必要な上昇率 (B)	損失率を上回る上昇率分 (B)+(A)
10,000	9,000	−10.0%	9,000	10,000	11.1%	1.1%
10,000	8,500	−15.0%	8,500	10,000	17.6%	2.6%
10,000	8,000	−20.0%	8,000	10,000	25.0%	5.0%
10,000	7,500	−25.0%	7,500	10,000	33.3%	8.3%
10,000	7,000	−30.0%	7,000	10,000	42.9%	12.9%
10,000	6,000	−40.0%	6,000	10,000	66.7%	26.7%
10,000	5,000	−50.0%	5,000	10,000	100.0%	50.0%

※上記は、基準価額が1回の変動で値上がりまたは値下がりする場合の説明です。

（4分の1）程度に抑えられ、投資家が冷静さを維持できるリスク水準の投資信託となります。得られるリターンの水準は市場環境によって異なりますが、許容するリスク水準によって大きく影響を受けると考えてください。

「ちょっと欲張った投資」の程よいリスク水準は過去の実績で6％から14％程度、平均で10％程度です。10％のリスク水準ということは、その資産の長期的なリターンが5％とすると、1年間の下落率が15％を超えることは起こりにくく、それ以上に下落するケースは2・3％（2標準偏差）と考えることができるリスク水準ということです。

なぜこのリスク水準が程よいのかというと、このリスク水準ですと投資期間5年から10年程度の性格の資金でも冷静に1年間の価格変動を許容できると考えているからです。

それでは、この考え方についてもう少し説明しましょう。

（注）

こうした説明は、価格が1回の変動で値上がりまたは値下がりする場合のものです。算術的には一定の率で徐々に値上がりしていけば値上がり額は次第に大きくなり、一定の率で徐々に値下がりしていけば値下がり額は次第に小さくなります。したがって同じ率で同じ回数だけ値上がりまたは値下がりしていった起点からの価格変化率は、値上がりの場合は大きくなり、値下がりの場合は小さくなります。このような理由から、もっと小さな率で刻々と変化する実際の株価などでは、起点から25％の価格上昇が20％の価格下落よりもその差の5％分だけ確率論的に実現が困難ということにはなりません。

リスクの意味を知る

プロの資産運用の世界ではリスクに対する理解が最も重要となります。なぜ重要かというと、統計学を用いて過去の実績を分析することで各資産クラス（市場）の価格変動特性をある程度予測できるからです。

価格変動特性を数値化したものを資産運用の世界ではリスク値（統計学でいう標準偏差）と呼びます。一般の方が統計学を詳しく覚える必要はありませんが、ひとまず「標準偏差によって、極端なケースを除いてだいたいこのくらいの範囲に収まるという範囲を知ることができる」とご理解ください。

ここで、先ほどと同じく10年間の平均リターンが年率5％で、リスク値（標準偏差）が年率10％の投資信託があったとしましょう。この投資信託の価格のふれ幅は、5％の平均リターンを中心にプラスマイナス10％の範囲、すなわちマイナス5％～プラス15％の範囲に「だいたい」収まる、その「だいたい」の割合が全体の68・3％であることを示しています。この割合が高いほど信頼性が高まりますが、そのためには標準偏差を2倍にする「2標準偏差」が有効となります。2標準偏差とは、標準偏差が2倍ですから、平均リターンを中心にプラスマイナス20％（10％の2倍、マイナス15％～プラス25％）を意味し、その範囲に収まる割合が全体の約95・4％にまで上がります。

実はこの約95％という数値は統計学上重要な数値で、信頼度95％と呼ばれ、残りのデータが全体の5％であれば、その数値は十分意味があると判断されます。また、人間の感覚においても5％の確率で発生したことは例外と感じるようです。そのため、様々な研究や調査の結果のデータの有意性を判断する際にも、95％を基準とすることが多いのです。

実際の運用では仮に先ほどの投資信託の価格が1年間で2標準偏差が示す下限の下落率15％を超えて下落した時には、通常ではない事態が発生したと認識する一方、更に10％下落するなら3標準偏差の範囲に達し、その範囲を超えるのは全体のわずか

0・3%であることから、バーゲンハンティングの機会、絶好の買い場と捉えることもあります。ただし、十分に分散投資され、流動性リスクの少ない投資信託という前提になりますが。

話を戻しましょう。2標準偏差の範囲に収まるのが全体の95・4%であると説明しました。ここで重要なのが残りの4・6%です。このケースは正規分布している前提で上と下どちらへのぶれも合わせた数値ですので、上へのぶれが発生するケースはその半分になり、下へのぶれも同様です。つまり、上に20%以上ぶれてリターンが25%以上となるケースが2・3%、下に20%以上ぶれてリターンがマイナス15%を下回るケースも同じく2・3%あるということです。金融商品の開発をする我々のような立場では、商品の価格変動リスクを想定する際には信頼に値すると考えられる2標準偏差以上を使用して最悪の下落リスクの予測を行います。(注)

(注)
以上の標準偏差についての説明は、資産のリスク量は常に一定で、その価格変動は確率論や統計学でのある法則に従うと

仮定した場合のものです。実際の株価や為替では、ある期間に計測されたリスク量はその後変化します。また必ずしもそのような法則どおりに変動しません。したがってひとつの目安とお考えください。

リスクってどう調べるの?

ところで、リスクを把握しようにも、そもそも投資信託のリスクの数値自体が入手しにくいですよね。最近では販売会社のウェブサイトなどにリスク（標準偏差）実績を表示するようになりましたが、私は個人的にモーニングスター社の投信情報サイトが使いやすいと思います。そこでは各投信のリスク値が過去1年、3年、5年、10年単位で表示されているからです。リスク値を参考にするには過去5年か10年を見るのがいいでしょう。5年までの運用実績のない投資信託では3年か1年のリスク値を使わざるを得ませんが、基本は長めのリスク値を参考にすることを推奨します。できれ

図表5－3 — モーニングスター社の投信情報サイト

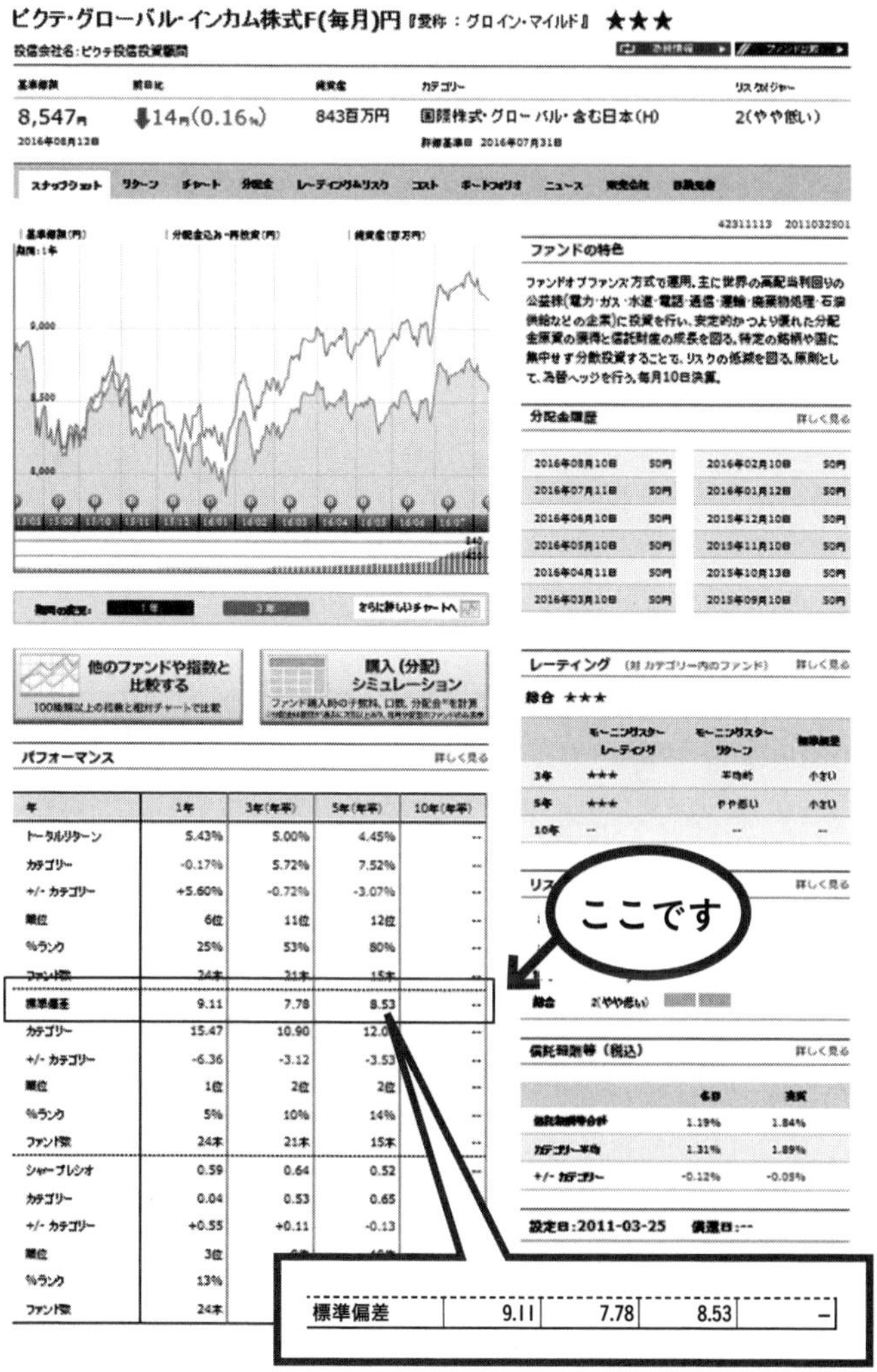

出所:モーニングスター社ウェブサイト(ピクテ・グローバル・インカム株式ファンド)

ばリーマン・ショックも含めた10年の数値を使いたいものです。

投資信託ごとのリスク値の比較は同じ年数で行い、決して3年と5年など、ずれた年数で比較しないようにしてください。そこでご自身が保有している全ての投資信託のリスク値を一度比較してみるといろいろと分かってくると思います。リスク値が20%を超えているものが多ければ、自分は相当リスクを取っていると考えてください。

「ちょっと欲張った投資」に該当する投資信託とは？

かつては外国の国債や優良社債に投資する投資信託が「ちょっと欲張った投資」に該当しましたが、前述したように先進国の国債や優良社債の利回りが大幅に低下したので、投資信託の運営コストである信託報酬を差し引くと、これらの債券ファンドではほとんど実質的なインカムゲインが得られなくなっています。むしろ利回り上昇による債券価格の下落リスクを勘案すると、円安にならない限り、マイナスリターンとなる確率のほうが高まってきていると言えます。

現在の投資環境下においては為替リスクを取って低リスクの証券に投資するよりも、為替リスクを低減して外国の「程よいリスクで程よいリターン」の証券に投資する投資信託が今後の「ちょっと欲張った投資」に向いた投資信託と言えるでしょう。それは例えば、為替ヘッジされている世界の公益株式ファンド、ハイイールド債券ファンド、新興国債券ファンドなどではないでしょうか。

公益株式に分散投資する投資信託は株式投信の中でも相対的にリスクが低く、そのリスク値は通常10％前後です。また、公益株式からの配当利回りの水準も3％を超えており、債券と比較して魅力的な水準です。その上、世界的に公益事業の拡大が期待されるので成長への期待もできる投資対象です。この世界公益株式に為替ヘッジを行い為替変動リスクを低減することで、この低金利下においても「程よいリスクで程よいリターン」が実現できています。ピクテ投信投資顧問の投資信託では2011年から運用している「ピクテ・グローバル・インカム株式ファンド（毎月分配型）円コース」（愛称：グロイン・マイルド、リスクと費用については巻末記載）がこれに該当しますが、モーニング・スター社のデータによると（2016年7月末現在）、この投資信託の5年のリスク実績は8・53％（年率）、一方リターンは4・45％（年率）でした。

米国のハイイールド債券に分散投資し為替ヘッジを行った投資信託もリスク10％前後です。現在、投資対象のハイイールド債券は利回りが7％を超えており「程よいリターン」が期待できます。ただし、投資対象となるハイイールド債券市場は流動性が低いので市場が荒れた際には価格が急に変動するリスク、流動性リスクがあることに留意する必要があります。また、低格付けの企業が発行した債券に投資を行うので利金や元本が予定通り支払われないリスク、デフォルトリスクも想定しておくことが重要です。あらかじめ表示された利回りから何％かを差し引いて計算しておくことをお奨めします。私は通常1・5％を差し引いており、仮に7％の利回りとすると5・5％が想定期待利回り、そこから想定為替ヘッジコスト1％、信託報酬が1・5％とすると、これらを引いた残り3％が期待リターンと考えています。

新興国の政府又は政府関係機関が発行し又は保証している米ドル建ての債券、ソブリン債に投資し為替ヘッジを行った投資信託もリスク10％前後です。現在、新興国のソブリン債券は利回りが5％程度とハイイールド債よりも利回り面で下回るのですが、過去の実績ではデフォルト率が低いという相対的な安心感があります。デフォルトを起こすと国際金融市場で資金調達が実質できなくなるので、新興国は国の威信をかけて利息および元本の支払いを行ってきたという歴史があるのです。

ピクテ投信投資顧問の投資信託では、2004年から運用している「ピクテ・ハイインカム・ソブリン・ファンド（毎月決算型）為替ヘッジコース（愛称：円の贈り物、リスクと費用については巻末記載）」がこれに該当しますが、モーニングスター社のデータによると（2016年7月末現在）、この投資信託の5年のリスク実績は6・51％（年率）、一方リターンは2・69％（年率）でした。

Chapter

6

長期保有で着実にリターンを得る「育てる投資」で「物価との戦い」に勝つ

中長期分散型の「育てる投資」とは？

ここまでで分類した①欲張らない投資、②ちょっと欲張った投資、③育てる投資、④スパイス的な投資のうち、本章では「育てる投資」について詳しく見ていきましょう。

「育てる投資」とは、資産を減らさないことを第一に考えた「欲張らない投資」とは異なり、資産を成長させることを目的とした投資です。結論を先に言えば、世界分散型の株式ファンドか、株式の組み入れが多めのバランスファンドへの投資が該当します。

投資信託を売買で利ざやを稼ぐ商品として見る人もいますが、この「育てる投資」のための投資信託は、タイミングを計って売買するのではなく、長く保有できるように設計された投資信託を「2経済サイクル」（10年程度）以上は持ち続けるようなイメージです。

当然、投資する資金も少なくとも5年以上は使う予定のない余裕資金を振り分けます。投資家の投資スタンスにもよりますが、育てる投資への配分比率は投資する期間によって異なります。

仮に80歳まで運用を行う前提で資産運用計画を立案する場合、

30歳であれば運用期間が50年になるので相当リスクが取れます。

現金　（2年以内に出費が予定されている資金）
欲張らない投資　（5年以内に出費が予定されている資金）
ちょっと欲張った投資　（5年から9年投資できる資金）
育てる投資　（残りの60～70％）
スパイス的投資　（残りの30～40％）

と個人的には配分するでしょう。

50歳であれば運用期間が30年になるので

現金　（2年以内に出費が予定されている資金）
欲張らない投資　（5年以内に出費が予定されている資金）
ちょっと欲張った投資　（5年から9年投資できる資金）
育てる投資　（残りの80〜90％）
スパイス的投資　（残りの10〜20％）

60歳であれば運用期間が20年になるので

現金　（2年以内に出費が予定されている資金）
欲張らない投資　（5年以内に出費が予定されている資金）
ちょっと欲張った投資　（5年から9年投資できる資金）
育てる投資　（残りの90〜95％）
スパイス的投資　（残りの5〜10％）

と配分するでしょう。

育てる投資とスパイス的投資の配分比率は投資環境によって変わると思いますが、出費が予定されている資金をまず確保して、現金と欲張らない投資への配分比率を決定した後、5年から9年投資できる資金でちょっと欲張った投資へ配分、残りを育てる投資とスパイス的投資へ振り分けることが重要です。

ここで、「5年から9年投資できる資金って思い浮かばない」という方がいらっしゃるかも知れませんが、実は結構あるものです。例えば現在10歳のお子さんがいらっしゃる方で将来その子を大学へ行かせる予定であるならば、6～7年後の高校2年生（16～17歳）くらいから受験に関わるまとまった資金が必要になってきます。あるいは現在65歳の方は健康寿命（日常生活に制限のない人生の期間）が男性で71・19年、女性で74・21年（平成25年時点、内閣府調べ）ですので6年から9年後には何かしらの大きな病気の可能性に備えた資金計画を立てる必要があると思います。

図表6－1 —「育てる投資」概念図

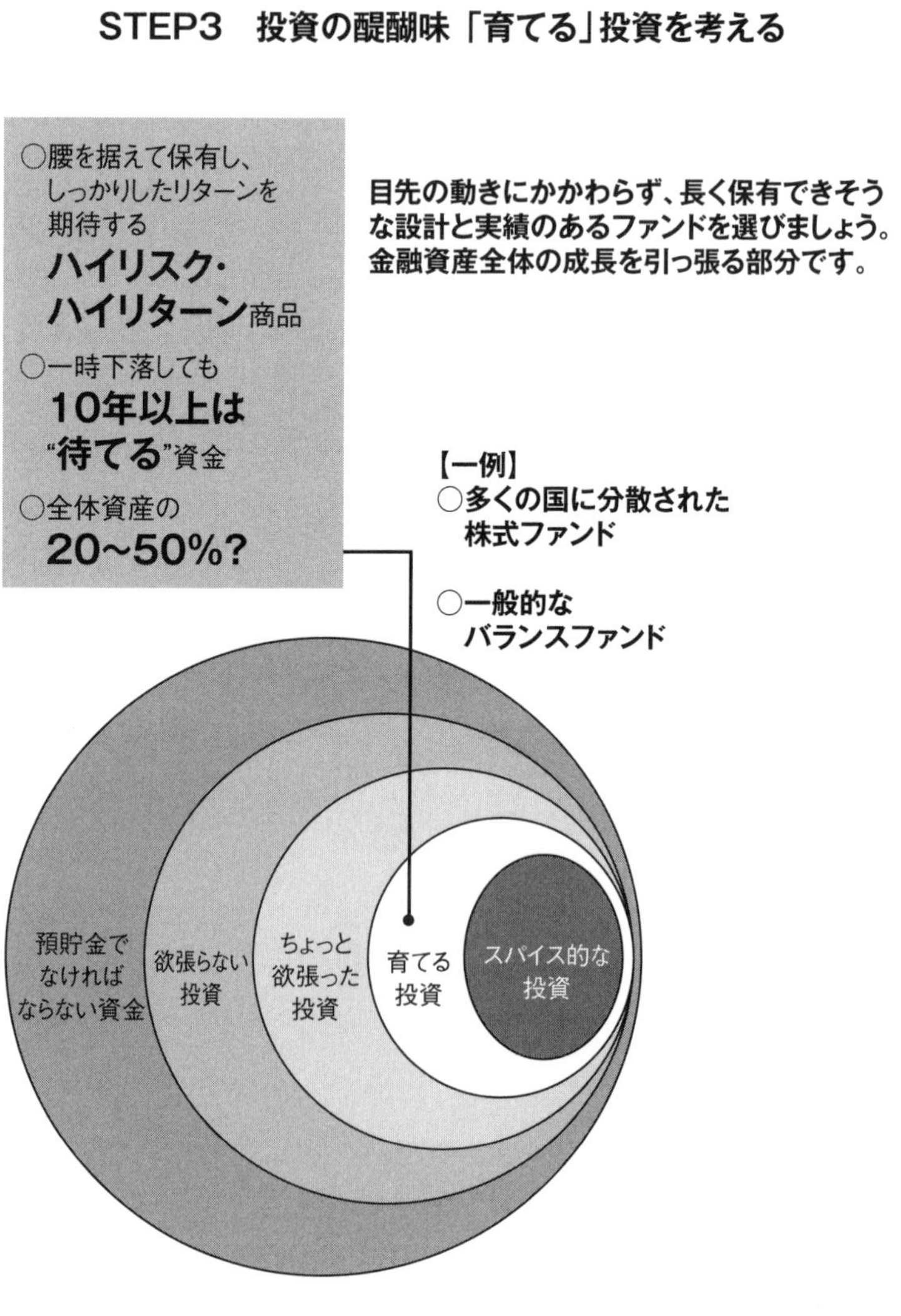

「10年以上持っていれば勝てる投資」がポイント

それでは、育てる投資において、なぜ「2経済サイクル」（10年程度）が投資期間の目安になるのでしょうか。

図表6－2は、世界株式の株価の上昇と下落のサイクルを表しています。この上昇サイクルの前回のピークと次のピークの間は7年7カ月から10年3カ月まで幅がありますが、おおむね8～10年の1経済サイクルを反映していると考えられます。そのため、世界株式が大きく下落しても2経済サイクル（10年程度）保有している間には、過去の最高値を上回ることが分かってきます。

ただし、この図は「現在の株価上昇がそろそろ終焉を迎えようとしているのではないか」という読み方もできます。

図表6－2 — 世界株式の上昇下落サイクル(現地通貨ベース)

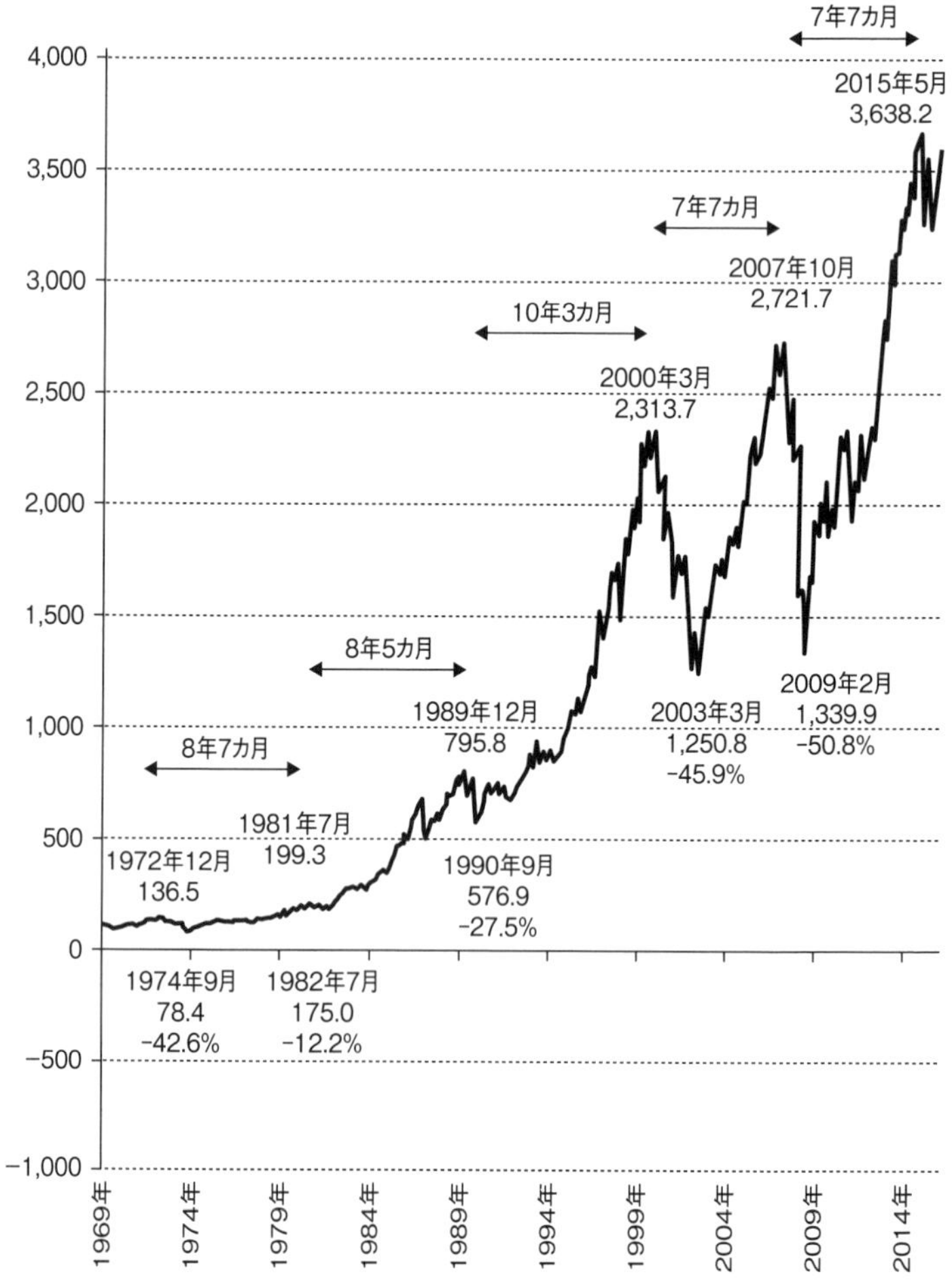

※期間：1969年12月末～2016年7月末
※世界株式：MSCI世界株価指数(現地通貨ベース)
出所：ブルームバーグのデータを使用しピクテ投信投資顧問作成

「育てる投資」の具体例

それを踏まえて、「育てる投資」の具体例として、ここでも当社の商品「ピクテ・グローバル・インカム株式ファンド（毎月分配型）」（通称グロイン、リスクと費用については巻末記載）を例に見てみましょう。この投資信託の特色は次の2点にあります。

①主に世界の高配当利回りの公益株に投資する
②特定の銘柄や国に集中せず、分散投資する

読み流してしまいそうですが、実はこの2つの文章に、「育てる投資」としての投資信託に求められる要件が凝縮されています。まず1点目の「世界の」と2点目の「（特定の）国に集中せず分散投資」です。日本人にとって身近なのは日本株ファンドだと思いますが、「育てる投資」として10年はしっかり保有しようとする場合、日本だけの1カ国に絞るのはよくありません。これは日本株市場の見通しが明るいかどうかといったことではなく、米国であろうとブラジルであろうと、一つの国に集中する

こと自体がリスクだからです。これは後ほどまた触れます。

もう一つは1点目にある「高配当利回り」の「公益株」というところです。少し詳しく説明しましょう。

図表6－3は「公益株」の説明をしています。図表にあるように、電力やガス、水道など日常生活のインフラ事業を担う公益企業の株式が公益株です。株式投資に馴染みのない方は、株など皆同じようなものに見えると思いますが、株式投資においてこうした業種（セクターとも言います）を意識することは実は大切なことです。

図表6－3の中でも説明している通り、景気がよかろうが悪かろうが、私たちは電気やガス、水道などを使うため、公益企業の業績は景気に左右されづらく、相対的に安定しています。業績が安定していると、株価の動きも相対的に安定する傾向があります。

ここがポイントで、「育てる投資」として腰を据えてじっくり持とうとしても、日々の値動きが激しいものだと落ち着いて保有していられなくなります。「公益株」に絞り込むことは一つの例ですが、そうした長く保有できる「設計」の投資信託かど

図表6－3 — ピクテ･グローバル･インカム株式ファンド説明図

※上記はあくまでも主な投資対象の概要であり、実際に投資する銘柄の選択は投資プロセスに沿って行われます。また、イメージ図であり、実際の状況とは異なる場合があります。

うかが重要な着眼点となるのです。２００５年に「グロイン」を設計した際にも、そのポイントを重視しました。

以前の日本では、電力会社等の株式は株価も配当も安定していたため、債券のように安心して保有できる「資産株」と考えられていました。しかし、当時すでに日本の電力株は配当利回りが低く投資対象としての魅力はあまりなかったので、日本の電力やガスの株式は投資対象にはなりませんでした。一方、世界を見渡すと電力やガス、水道といった公益株に、事業内容も配当の高さも魅力的な株式が数多くありました。特にヨーロッパの公益企業には、民営化も背景にして、事業の多角化や世界的な事業展開を行い、成長を遂げる企業も存在していました。

日本はデフレが続いていましたが、欧州ではインフレ傾向にあり、欧州の投資家は株式に投資をして配当を受け取る、いわゆるインカム株式投資の考え方が浸透していました。この考え方は日本でも有効だと読んだのです。

「育てる投資」における世界高配当公益株式の有効性

それでは、世界高配当公益株に分類される株式は、一般的な世界株式の一群と比較して、どのような特徴があるのでしょうか。

図表6－4で、2006年から2016年までの、世界高配当公益株式のリスク・リターンを見てみます。前にも見たように、横軸がリスクで、右に行けば行くほどリスクが高い、すなわちこの期間の値動きが激しかったことを意味します。縦軸はリターンで、この期間に達成した過去の収益率を年率換算して示しています。

これで分かるのは、世界高配当公益株式は同じ株式でありながら相対的にリスクが低いことです。これは先に述べた事業内容の特性に加え、公益株式の中でも特に「高配当」の株式を選別して投資していることも関係しています。

株式投資から得られるリターンは、株価の値上がりだけと思う方もいるかもしれま

図表6－4 ― 各株式のリスク・リターン特性（現地通貨ベース）

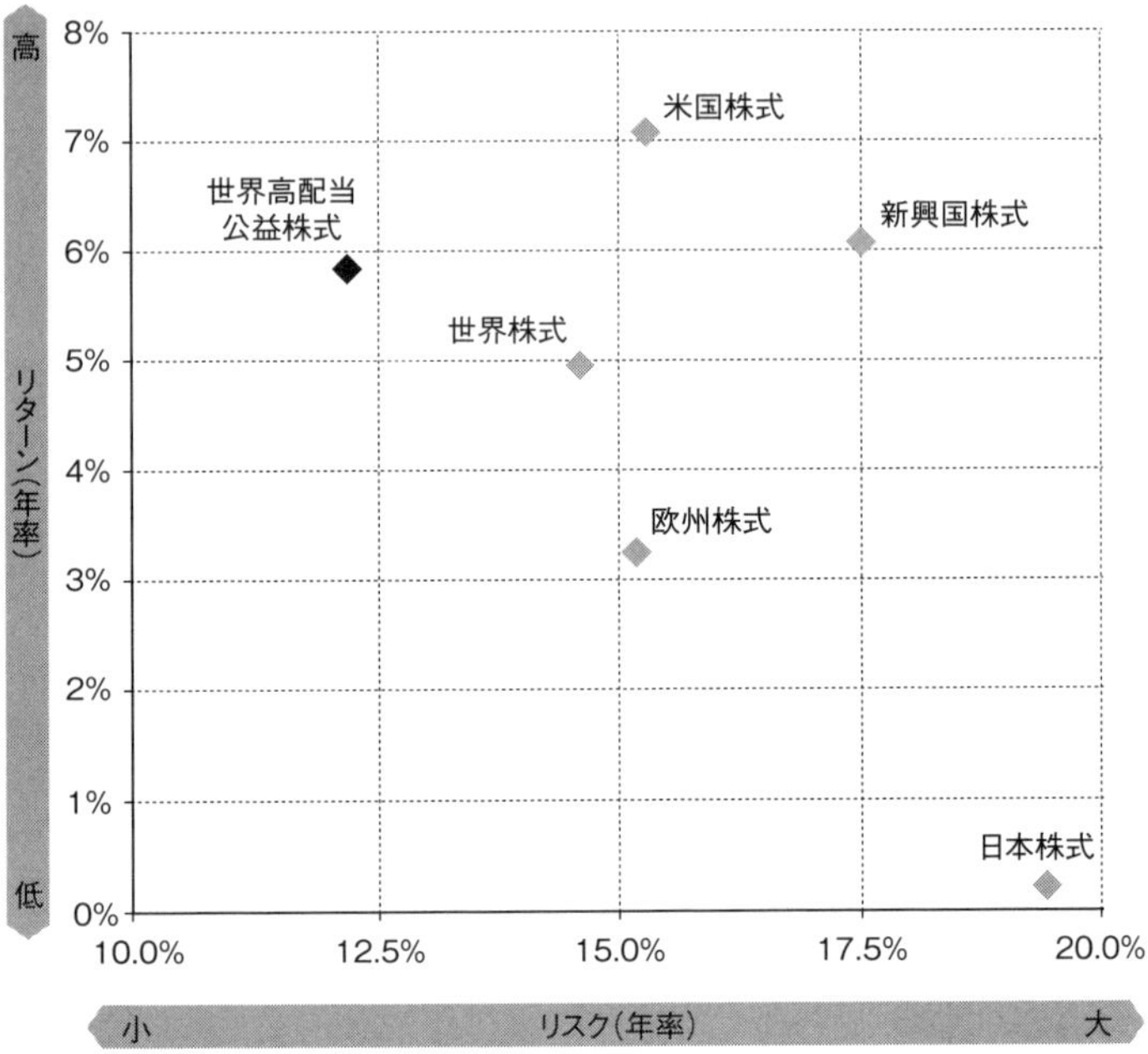

※期間：2006年7月～2016年7月、リスクは月次リターンの標準偏差
※世界高配当公益株式：MSCI世界高配当公益株価指数、日本株式：TOPIX、世界株式：MSCI世界株価指数、米国株式：S&P500種指数、欧州株式：MSCI欧州株価指数、新興国株式：MSCI新興国株価指数（すべて現地通貨ベース）
出所：ブルームバーグ、トムソン・ロイター・データストリームのデータを使用しピクテ投信投資顧問作成

図表6－5 — 世界高配当公益株価指数の投資収益の内訳(現地通貨ベース)

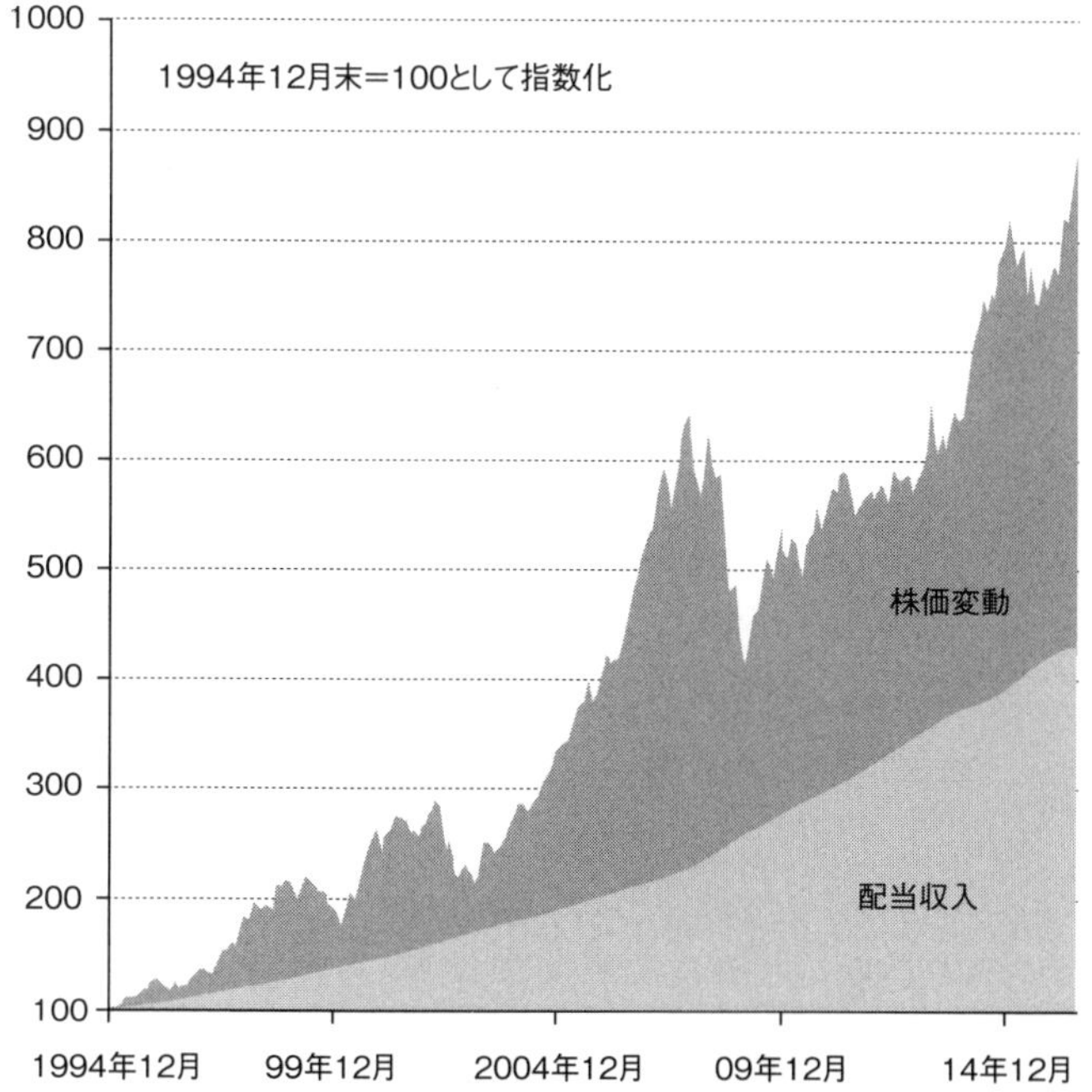

※期間：1994年12月～2016年７月末
※世界高配当公益株式：MSCI世界高配当公益株価指数(現地通貨ベース)
※配当金再投資分は配当収入と値上がり益に按分
出所：トムソン・ロイター・データストリームのデータを使用しピクテ投信投資顧問作成

せんが、もう一つ大事なリターンの要素が配当です。企業が決算を行い、その期の収益に応じて株主に支払うお金が配当金です。この配当金はもちろん業績が悪ければゼロになることもありますが、株価の値上がり・値下がりとは異なり、投資期間が長くなるほど積み上がっていき、トータル・リターンを下支えしてくれます（図表6－5）。この配当が相対的に高い株式を、公益株式の中から選んで投資するよう設計したのがこの投資信託なのです。

このような投資の特性を実現するため、公益株式の中から高配当のフィルターで選別することに加え、さらに2つの分散投資が必須条件となります。

第一に、通貨の分散です。日本の投資家が海外に投資する場合、円ではなく米ドルや現地通貨で投資することになるため為替変動リスクにさらされます。為替変動リスクを低減するためには通貨分散が欠かせません。この投資信託で言えば、ひとつの通貨に偏らないように通貨別の組入比率を意識しています。

また、組み入れる銘柄も徹底して分散します。公益株式投資には特有のリスクとして天災リスクがあります。ハリケーンや地震などの自然災害などによってインフラが寸断されて大きな損害を被る可能性があるため、地域リスクを低減するために地域分散も考慮して、あらゆる方面の分散投資を徹底しました。公益企業だからといって堅実な経営を心がけている企業ばかりとは限りません。アメリカの総合エネルギー会社エンロンは多角経営に乗り出し、簿外債務の隠蔽をはじめとする不正が明るみに出て2001年に破綻し、世界に衝撃を与えました。2005年当時はまだその衝撃が薄らいでいなかったので、経営リスクを避けるという意味でも分散投資は欠かせませんでした。

単一国への投資では、資産は守れない

それでは、グローバルな分散投資を行わずに単一国の株式に投資した場合、どのような事態が想定されるでしょうか。

図表6－6 ― 原油価格とロシア株式の値動き（米ドルベース）

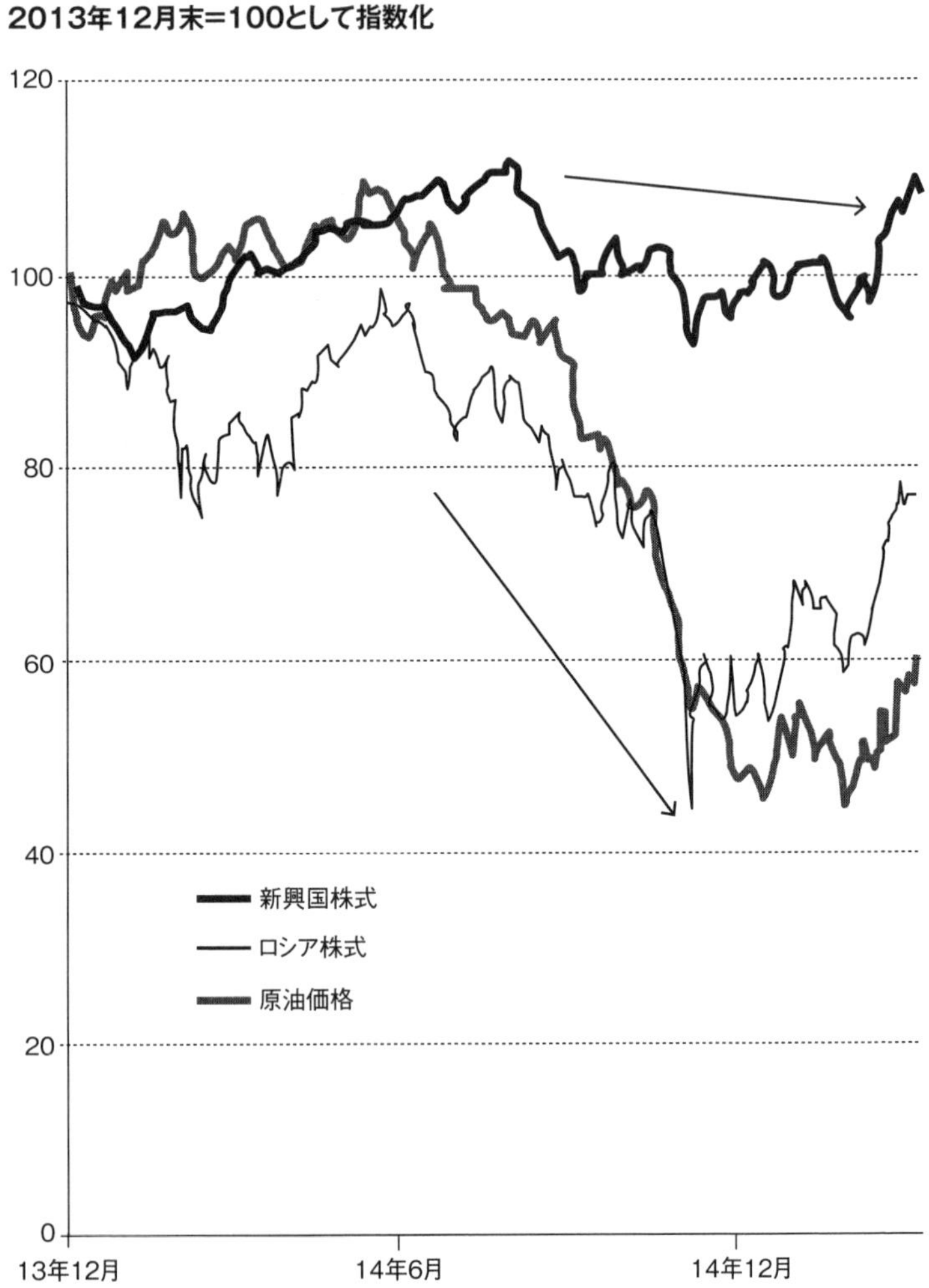

※期間：2013年12月末～2015年4月末
※原油価格：WTI原油先物、新興国株式：MSCI新興国株価指数、ロシア株式：MSCIロシア株価指数（すべて米ドルベース）
出所：ブルームバーグのデータを使用しピクテ投信投資顧問作成

図表6－6はロシア株式のチャートです。2014年6月までは上昇基調にあったものの、ロシアの主要輸出品である原油価格の急落と歩調を合わせて、株価も大きく値を下げました。しかしその間、新興国株式はほぼ横ばいで推移しています。ロシア株も長期保有すればいずれ上昇するのかもしれませんが、やはり単一の投資対象に限った投資は短期で見ればリスクが大きいことが分かります。

また、図表6－7は中国株式のチャートです。中国は景気減速の懸念が高まったことから、中国人民銀行（中央銀行）が景気下支えのために繰り返し利下げを行った様子が分かります。追加利下げに反応して株価は上昇に転じていますが、2015年6月中旬に大暴落。その後も8月に入って人民元の切り下げによる世界を巻き込んだ株価下落が起こっています。中国株チャートからも単一国に賭けることの危うさが理解できるでしょう。

図表6－7 ― 中国株式の値動きと金融緩和

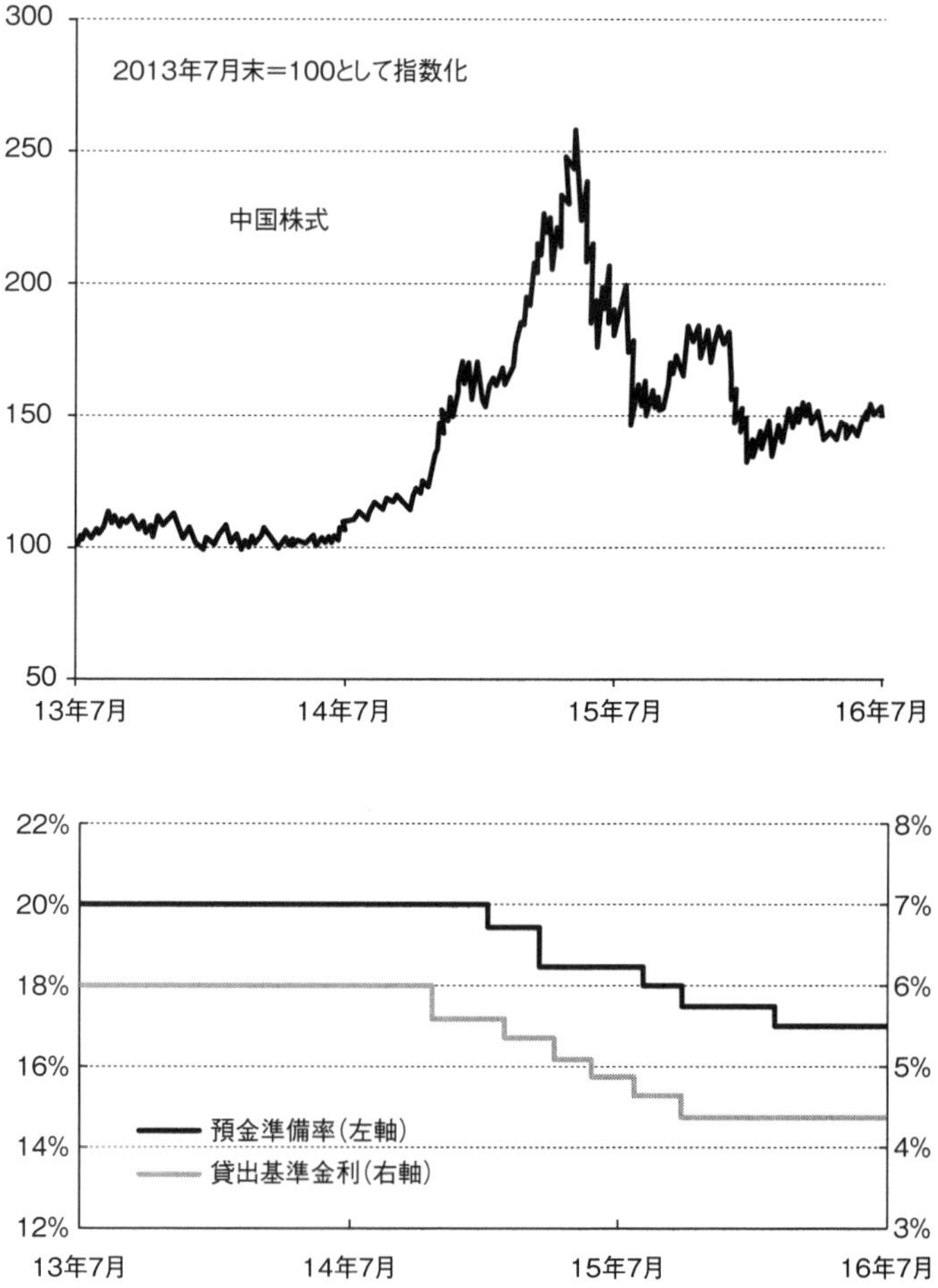

※期間：2013年7月末～2016年7月末
※中国株式：上海総合指数(現地通貨ベース)、預金準備率は大手銀行に対するレート
出所：ブルームバーグのデータを使用しピクテ投信投資顧問作成

長期保有で「負け」を回避する

ロシア株式や中国株式の例で、単一資産の短期保有はリスクが大きいということは明確になったと思いますが、世界の高配当利回りの公益株であれば短期保有でもリスクを抑えることができるのでしょうか。

図表6－8の、世界高配当公益株式の保有期間別収益率を見ると、世界高配当公益株式は、1994年12月末～2016年7月末の20年余りの間の期間中で、7年以下の期間で投資した場合、最悪のタイミングに当たってしまうと最低値がマイナスとなっています。

1年の最低値はマイナス45・8%、3年はマイナス20・2%、5年はマイナス13・4%、7年はマイナス3・0%です。ところが10年投資し続ければ最低値はプラス0・1%とプラス側に移り「負け」はなくなります。平均値も3年や5年に比べて遜

図表6－8 — 世界高配当公益株式の保有期間別収益率

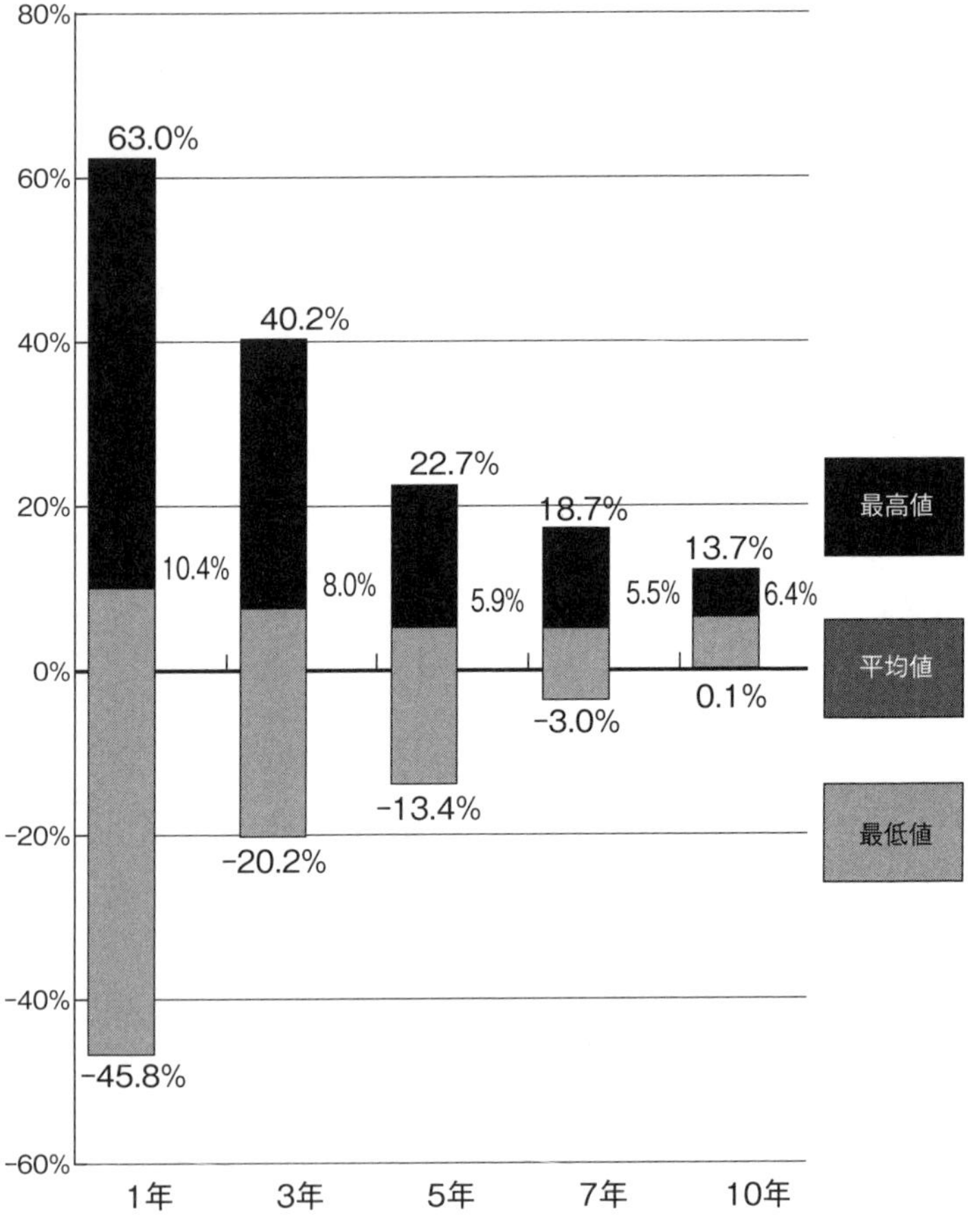

※期間:1994年12月末～2016年7月末、月次
※世界高配当公益株式:MSCI世界高配当公益株価指数(円換算)
※実際に投資信託を保有する場合、その期間中は信託報酬等の費用が発生します。こうしたことから、上記の保有期間別投資リターン(年率)は、便宜的にピクテ・グローバル・インカム株式ファンド(毎月分配型)の信託報酬率等を含む実質的な負担(最大年率1.788%(税込み))相当分を控除して算出しています。
出所：トムソン・ロイター・データストリームのデータを使用しピクテ投信投資顧問作成

色がありません。この結果が示しているように長期保有することでリスクは大幅に減らすことができるのです。

インターネット専用ファンド「iTrust」の誕生

２０１６年2月19日、ピクテは日本で初めてのインターネット専用アクティブファンドシリーズ「iTrust（アイトラスト）」の運用を開始しました（リスクと費用については巻末記載）。私が特に強調したいのは、アクティブ運用のファンドシリーズであるということです。

日本では５０００本以上の公募投信が運用されており、その中の多くのファンドがインターネットを通じて購入できます。しかし個人投資家の長期投資に適した真に良質のファンドを選ぶことは容易ではありません。唯一、比較の手がかりとなっているのはインデックスファンドの運用コスト（信託報酬）の低さだけと言える状況です。

アクティブファンドとインデックスファンドというのは、投資信託の種類のことで、端的に言えば、組み入れる株式を「選別するかしないか」という違いです。先に述べたピクテ・グローバル・インカム株式ファンドは、安定的な値動きを実現するために、「世界の公益企業」のうち優良と考える「高配当」の株式を選別し、投資しています。これがまさにアクティブファンドです。

一方、インデックスファンドはその選別作業をせず、日経平均やＴＯＰＩＸといった第三者機関が発表する指数（インデックス）と同じ値動きをするように運用する投資信託です。選ぶ手間をかけない分、信託報酬などの費用がアクティブファンドよりも一般的に低いのが特徴です。


私たちはセミナーなどを通じて個人投資家の皆様と向き合っているうちに、彼らは資産運用について真剣に考えていること、インターネットをよく利用していること、そして「本物志向」であることが分かってきました。

そうした思いはピクテの社員も共有しており、ある会議で「今、必要なファンドはインターネット専用ファンドではないか」という発言がありました。債券の利回りが世界的に低下し、期待される投資収益率も下落している状況では、ファンドを保有する際にかかるコストを下げることが求められているのではないかというわけです。

コストを下げるためにはインターネット専用であることが必要になります。金融機関の店頭で担当者がファンドの説明を行う対面販売は今後も重要なチャネルですが、担当者が対応してアドバイスを行うとコストがかかります。インターネット販売であれば人件費や販売関連資料の印刷費などを削減できるため、ファンドの質や情報の量を保ちながらコストを抑えることが可能です。

そこで私自身がネットで購入する場合、どんなファンドなら満足できるのかを突き詰めて考えていきました。

まず、コストが低ければ満足度は高いといえます。しかし、それだけでは足りません。市場平均に対して超過収益が見込まれるアクティブファンドを見つけることができれば、さらに高い満足感が得られます。ただ、良質なアクティブファンドを選ぶには、ファンドの性格や投資哲学を十分に理解することが重要です。

ピクテにはしっかりとした哲学を持ち、優れた運用実績を残しているアクティブファンドが多く存在します。これらの優れた実績があるファンドをインターネット専用の低コストのファンドとして提供し、私たち運用会社がメーカーとして水準の高い情報を提供すれば、投資家は満足できるのではないか。そう考えて「iTrust」では、私自身が久しぶりに商品開発の指揮を取り、総監修を行いました。

機関投資家が知る「雲上の世界」を個人投資家へ

私は「世界経済はこれからも成長を続ける」と信じています。「iTrust」が形になる5年前から信託報酬が0・8%台の世界株式のアクティブファンドをつくりたいと考えていました。それがインターネットに馴染む個人投資家が増えてきたという実感を得て、一気に形になりました。「iTrust世界株式」の信託報酬率は1％を切る0・89％（税抜）を実現しています。

しかし安いだけではありません。「iTrust」には、金融機関などプロの機関投資家が知る「雲上の世界」、市場平均を上回る超過収益を個人投資家にも体験してもらいたいという思いをこめています。情報提供に関しても、従来は公開していなかった、機関投資家向けのような高水準のものも惜しげなく提供します。

繰り返しますが、「iTrust世界株式」は0・89％（税抜）という低い信託報酬率を実現したインターネット専用ファンドですが、指数への連動を目指すインデックスファンドではありません。投資魅力の高い銘柄に厳選投資するアクティブファンドシリーズです。2月には第1弾として「iTrust世界株式」「iTrustバイオ」「iTrustロボ」の3つのファンドを設定しました（リスクと費用については巻末記載）。

「iTrust」シリーズのコアとなる「iTrust世界株式」ファンド

「iTrust世界株式」は「iTrust」シリーズのコアとなるファンドです。2007年5月に設定した「ピクテ・メジャー・プレイヤーズ・ファンド（3カ月決算型）」（リスクと費用については巻末記載）と同じマザーファンドに投資します。マザーファンドとは実質的な運用を行うファンドのことで、このマザーファンドは公的年金や私的年金にも採用されている運用戦略です。

「iTrust世界株式」のマザーファンドを選ぶにあたって重視したことは、長期の運用実績があることです。投資家の目にパフォーマンスがよくうつるファンドの多くは、2008年のリーマン・ショック後に設定されたものが主ですが、「iTrust世界株式」ではリーマン・ショック前に運用を開始したマザーファンドをあえて選び、長期のパフォーマンスの良し悪しを投資家に見ていただくことを考えました。未曽有の金融危機の洗礼を受けても超過収益を獲得していることが重要だからです。

このマザーファンドは2007年5月の設定以来、トータル・リターンが年率4・39％（2015年12月末時点）と、参考指数であるMSCIワールド指数を1・82％上回っているため、「iTrust世界株式」の信託報酬率を差し引いても0・86％の超過収益を得ています。

銘柄選択では豊富な資金力・優れた開発力・価格競争力・ブランド力・マーケティング力を持ち合わせたグローバル優良企業に焦点をあてています。これらの企業群は負けてもまた盛り返す力のある、グローバル化の波の中で生き残ってきた本物のグローバル優良企業です。

グローバル優良企業の中にはGoogleの持ち株会社のアルファベットやナイキ（2016年3月末時点）など、誰もが知る銘柄をはじめ、世界中の魅力的な優良企業を厳選し、できるだけ割安な株価での組み入れを試みています。もちろん組み入れて終わりではなく、継続してウォッチし、必要に応じて銘柄の入れ替えや比率の調整を行い、長期的なパフォーマンスを追求します。個別銘柄のリスクを下げるために1銘柄当たりの組入比率の上限は3％程度に抑える方針です。

２０１６年6月からは日本のＮｏ．１企業に投資する日本株式ファンド、「iTrust日本株式」も投入しています。

サテライトの「iTrustバイオ」と「iTrustロボ」ファンド

「iTrustバイオ」は、成長力のあるバイオ医薬品関連企業に投資します。成熟した一般的なヘルスケア分野の銘柄は対象としていません。銘柄の価格変動や相関を考慮した最小分散手法を用いてリスクを抑制することで、長期的に市場平均を上回るパフォーマンスが期待できると考えられます。銘柄としてはバイオテクノロジー業界の最大手アムジェンや、ウイルス性疾患に有効な物質を生化学的に組み合わせ、ＨＩＶなどに有効な新薬開発に強みを持つギリアド・サイエンシズなどを組み込んでいます

（2016年7月末時点）。

「iTrustロボ」は日本を含む世界のロボティクス関連企業の株式に投資します。ロボティクス市場は2025年まで年率10％という高成長が期待されています。約4万銘柄の世界中の株式から、「ピュリティ（純度／事業全体に占めるロボティクス関連事業比率）」の高い企業40〜60銘柄を厳選し、より高い成長性を取り込むことを目指します。

具体的には、内視鏡機器を制御する手術システムなど医療分野のロボットに関する技術や商品の開発を行うインテュイティブサージカルなどを組み込んでいます（2016年7月末時点）。

このように「バイオ」や「ロボ」のような特定のテーマで銘柄を選定する「エキゾチックベータ」と呼ばれる投資信託は、プライベートバンクであるピクテが富裕層の顧客の投資ニーズに応える形で組成していきました。そのため運用の歴史は長く、バイオ関連ファンドの運用は1995年に始めています。この頃にこのような投資信託を手がけているところは少なく、ピクテは先駆者的な存在であり、そのため豊富な経験を積んでいます。

さらにジュネーブの本社には「メガトレンド」という長期的な経済・市場トレンドに基づいて各業界の専門家からアドバイスを受けて運用するチームがあり、これまでにもアグリカルチャー、プレミアム・ブランド、クリーンエネルギー、デジタルコミュニケーション、ヘルスケア、セキュリティ、ティンバー（森林・木材）、ウォーターという幅広い分野のエキゾチックベータ（既に世の中に知られる世界株式などの資産市場でなく、独自の動きをする市場の収益機会を追求すること）を手がけてきました。

機関投資家と同じレベルの情報提供体制

資産運用は投資して終わりではなく、投資したところが始まりです。「iTrust」シリーズでは機関投資家と同レベルの情報を得られる環境を提供するという考えから、「iTrust」受益者限定サービスとして「iInfo」をスタートさせました。

「ファンド情報サービス」では保有ファンドの現時点の最新情報を入手できるほか、疑問点を私たちに直接問い合わせもできます。また「投資を学ぶ支援プログラム」では、投資に関する本格的な学びの場とコンテンツをインターネットで提供しています。

先ほど触れたバイオやロボなど特定テーマ型において重要になる「売り場と買い場」の見極めについても、バリュエーションレポートという資料を通じて、割高と見られるなら割高であると、ストレートに投資家に伝えています。

Chapter

7

「スパイス的な投資」は、少額で大チャンスを狙う

「余剰資金」で行う「スパイス的な投資」とは？

これまで見てきたように、資産を保全するためには、何よりもまず「預貯金でなければならない資金」と、預貯金の一歩先を行く低リスク・低リターンの「欲張らない投資」があり、その上で資産を成長させるためにしっかり利益を取れる中リスク・中リターンの「ちょっと欲張った投資」、高リスク・高リターンの「育てる投資」に分けることが重要です。

しかし、人によっては余剰資金によって、大きなリターンが期待できる代わりにリスクも大きいことを覚悟して臨む「スパイス的な投資」を加えるという選択肢もあります。

前述しましたが、「スパイス的な投資」とは、流動性リスクを許容してリターンを追求する投資です。すなわち、「欲張らない投資」「ちょっと欲張った投資」「育てる投資」では禁じ手となっていた、単一市場・単一投資対象に絞り込んだ集中的な投資を意味します。

もちろん、単一市場・単一投資対象とはいっても、リスクを最小化するために分散投資は必須条件ではありますが、ハイリターンを追う以上、これまで見てきた「徹底した超分散投資」とは異なる投資手法が求められます。

個人投資家が「スパイス的な投資」をしすぎることで発生する「買い上がり相場」

「スパイス的な投資」において流動性が劣ることから引き起こされる問題（流動性リスク）を十分に理解しておくことも重要です。なぜなら、「スパイス的な投資」の投資対象は人気がある時には「買いが買いを呼ぶ買い上がり相場」、人気がなくなった時には「売りが売りを呼ぶ売り崩し相場」に見舞われやすいからです。

「買い上がり」とは、大きな買い注文によって需給バランスが崩れて価格が大きく上昇し、その上昇を目にしてさらに買い注文が集まって価格上昇し、さらなる買い注文を呼ぶスパイラル現象を指しますが、投資信託などへの投資でも同様のことが発生します。

投資信託は投資家から受け付けた資金で株式などの資産に投資しますが、仮に大量の資金が流入し、流動性のない特定の資産を通常の取引量に比べて大きな金額で購入し続けると、価格がかさ上げされる格好で上昇し、その資産を保有している投資信託自体の基準価額も上昇、投資家はあたかも市場が好調であると誤解してしまうのです。その結果、投資家はさらに投資信託への買い注文を行うことで、「買いが買いを呼ぶ買い上がり相場」を誘引するのです。

２００６年から２００７年の中国株式相場の際の中国株式ファンド、２００９年から２０１１年のブラジル・レアル通貨高の際のレアル通貨選択型ファンド、２０１３年から２０１４年のＭＬＰ相場におけるＭＬＰ関連ファンド、２０１４年から２０１

5年のバイオ株式相場のバイオ株式ファンドなどは個人投資家による投資信託への大量購入を背景とした集中的な継続買いによって引き起こされた「買いが買いを呼ぶ買い上がり相場」と言っていいでしょう。

これらは当初、大量の買い注文が投資信託に継続的に入っていたので、その買いで安定した上昇相場を形成、投資家に安心感を与え高値づかみを誘引した一方、資産価格は適切な水準から大きく割高になっていきました。このため下落時には買い手も少なく価格変動が非常に大きくなり、最後には暴落が発生、その過程では多くの個人投資家は傍観するしかなかったのです。

売却を行ったのは下げた後、価格の底の近辺だった方が多かったはずです。個人的には2015年から発生しているREIT相場におけるREITファンドも要注意と見ています。

2000年代以降、株式などのリスク資産の価格変動特性が大きくなった理由の一つには個人投資家が投資信託を通じて多くの資金を投資することが一般化してきているからと考えています。個人が購入している投資信託は日々設定解約されているものがほとんどですが、それらは解約を受けた時には解約金額分だけ、その日に保有している資産を無理やりにでも、市場を売り崩してでも売却せざるを得ないのです。

それでは、どのような市場がスパイス的な投資に向いているのかを具体的に見ていきましょう。

「人口」と「成長」から、スパイス的な投資に適した市場を見極める

「スパイス的な投資」のキーワードは「成長」です。投資対象が成長するためには、投資対象が存在する市場や地域、分野が成長していなければなりません。

成長の大きな原動力は、「人口」です。図表7－1は、先進国と新興国の人口の増

図表7－1 ― 先進国と新興国の人口の増減率

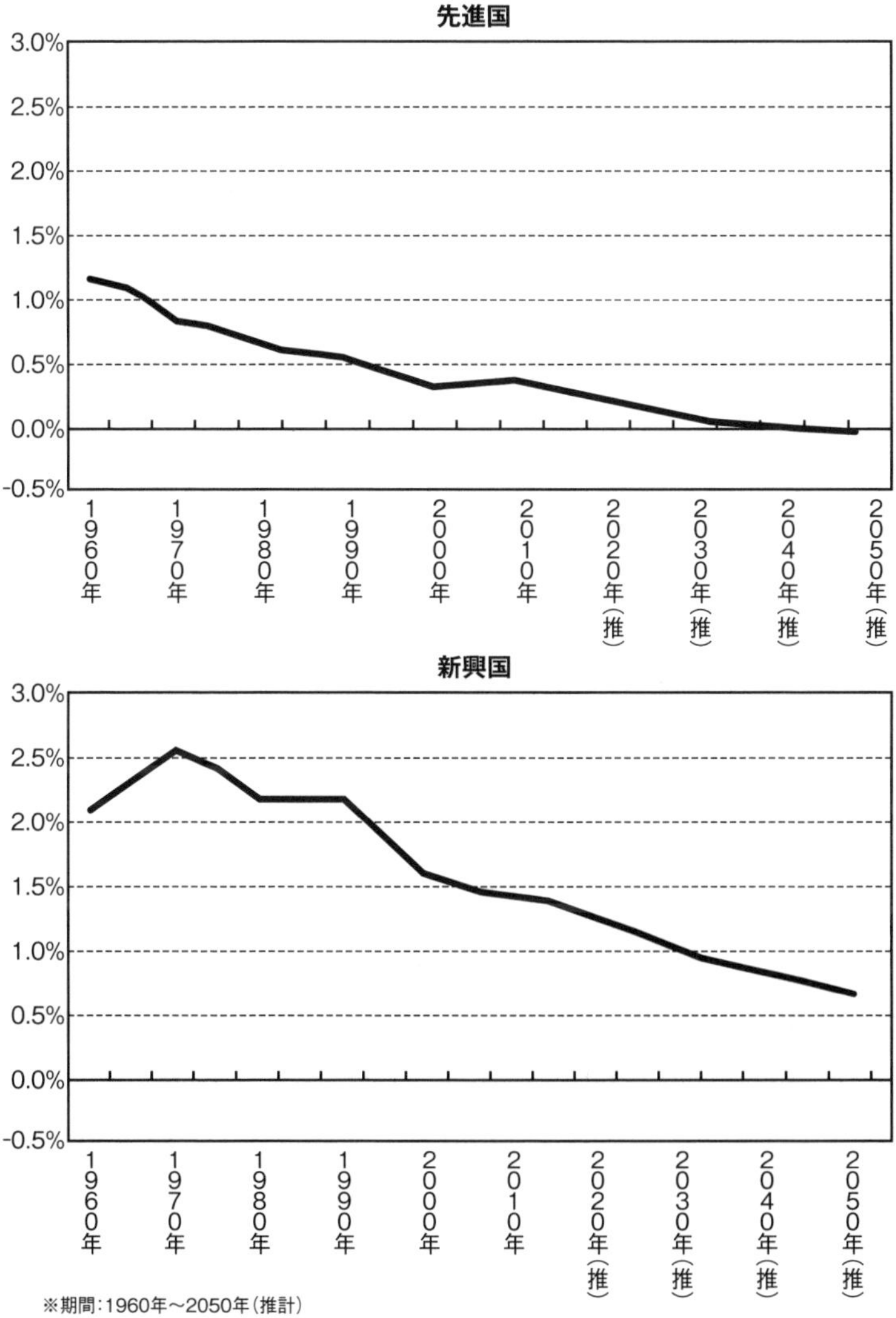

※期間：1960年～2050年（推計）
出所：国連, World Population Prospects: The 2015 Revision のデータを使用しピクテ投信投資顧問作成

減率の推移です。人口が減少に向かっている国よりも、人口が増え続けている国のほうが、長期的な成長が見込めます。先進国と新興国の人口増減率を1960年以降で比較すると、先進国は右肩下がりに人口が減少しており、2040年頃にはマイナスに転落、それ以降は人口が減り続けます。

新興国は1970年頃までは増加していたのですが、それ以降の増加率は少しずつ落ちていきます。それでも新興国はプラスの増減率を2050年の時点でも保っていると推定されています。

そのため労働人口も多く、しかも将来の消費や生産の担い手となる若年層の割合が大きいという点が特徴です。現時点の労働市場を支える15〜44歳の人口は29億人。先進国の5億人をはるかにしのいでいます。さらに注目したい点は0〜14歳の子どもたちが17億人もいること。先進国の2億人の8倍です。彼らはこれから労働市場を支え、消費の主役となることでしょう。

図表7－2 — 先進国と新興国の年齢構成(2015年推定)

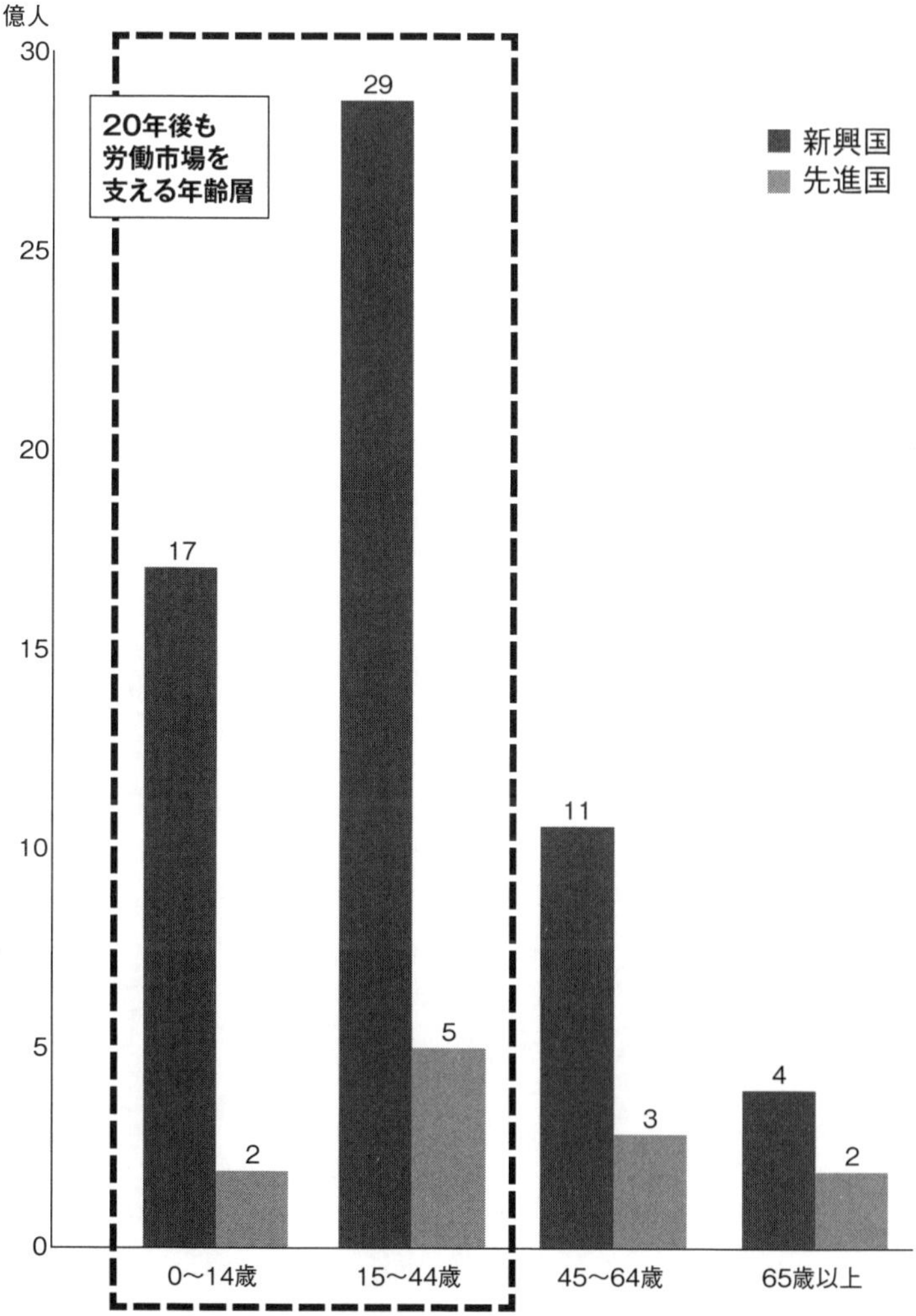

※新興国、先進国は国連による分類
出所：国連のデータを使用しピクテ投信顧問作成

安定した成長が見込める新興国のマーケットを分析する

それでは、ここで少子高齢化が叫ばれる日本の状況を見てみましょう。

残念ながら、日本の15歳以上の労働力人口は２０００年代に入り減少傾向にあります。

特に15～29歳の労働力人口が２０１２年の１２２５万人（構成比18・５％）から２０３０年には１０１９万人（16・５％）に減ってしまい、逆に65歳以上は５８２万人（８・８％）から６８６万人（11・１％）に増えると見込まれています。労働者も高齢化が進行し、消費が落ち込む懸念があります。

投資という視点でこの状況を分析すると、生産と消費の担い手となる労働力人口が増え続ける新興国と、減少が予想される日本をはじめとする先進国では、どちらが適しているのでしょうか。

世界のGDPに占める比率は、先進国60・7％に対し新興国39・3％（2015年推定）です。経済成長を続ける新興国が4割程度を占めるまでになりました。一方、世界の株式時価総額に占める新興国の比率は先進国約89％に対し新興国約11％（2016年6月末時点）と、こちらは先進国が9割近くを占めています。ただし、今後の人口増加率を考慮すると、新興国の株式の割合は増えていくことが推測できます。

新興国は、高い経済成長率と増加が見込める人口、広大な国土には鉱物資源やエネルギー資源、農産物などの豊富な資源を有しています。

そこで「スパイス的な投資」を考える時、新興国が第一の候補となるのです。具体例として、「ピクテ新興国インカム株式ファンド」（リスクと費用については巻末記載）を見てみましょう。

ここでポイントとなるのは、新興国株式の中でも高配当利回りの株式に注目することです。「育てる投資」の一例として紹介した「ピクテ・グローバル・インカム株式ファンド」も高配当の公益株式を選別していましたが、新興国の株式に投資する当ファンドにおいても、高配当というフィルターをかけて銘柄を選別しています。企業は一般的に利益が出ていないと、株主に配当を出すことができません。したがって、毎期安定的に配当を行っている企業というのは、玉石混交の新興国企業の中でも、業績が安定的に推移している優良な企業である可能性が高いと言えます。これが、当ファンドが高配当を銘柄選別のフィルターにしている理由の一つです。

「新興国株式はハイリスク」は誤解？

ここで、Ｃｈａｐｔｅｒ４の１５３ページの図表「ボラティリティと流動性」を見返してください。繰り返しになりますが、この図表は様々な投資対象の流動性リスクと価格変動リスクを表したものです。日本株式と新興国株式を比較すると、流動性リスクは日本株式のほうが高くなっていることに驚かれるかもしれません。

先に挙げた「ピクテ新興国インカム株式ファンド」では、一国集中ではなくグローバルに投資先を探します。なぜなら、新興国株式市場は好調・不調を正確に判断するのが難しいためです。一つの国や銘柄の成長に賭けて投資をして、当たれば高いリターンが期待できますが、大きく下がった場合には資産も大きなダメージを受けることになります。

こうした事態を防ぐために、新興国株式という単一の投資対象の中でも、様々な国へ分散投資をすることが求められます。すると、一つの国の株価が大きく下落したとしても、他の国が上昇していれば下落分を相殺できるかもしれません。

この効果は、リーマン・ショックで大きく下落した後の「戻り相場」（下落の反動で上昇した相場）にも表れました。

図表7－4は、新興国高配当株式と、中国株式、ロシア株式の比較です。中国やロシアの株式市場に集中投資していたとしたら、リーマン・ショック時の下落後の上昇でも、リーマン・ショック前の水準には届いていません。しかし新興国高配当株式に

分散投資をしていれば、リーマン・ショック前の水準を一度は超えているのです。

ところで、成長期待が高く「スパイス的な投資」の候補になるのは新興国だけではありません。先進国の中にも成長期待が高い分野があります。

その一つがバイオ医薬品です。バイオ医薬品関連企業の株式は価格変動リスクも流動性リスクも相対的に大きいのですが、私たちの未来を一変させる可能性を秘めています。

ちなみにバイオ医薬品とは、免疫力の低下や体の機能の異常といった病気の原因に直接働きかけて治療する薬です。人の持つ免疫力や自然治癒力を活用して開発されます。

通常の新薬と違い、病気にピンポイントで作用するため、比較的副作用が少なく、体への負担も軽いと言われています。がんの治療薬「アバスチン」やウイルス性肝炎の治療薬「インターフェロン」、糖尿病の治療薬「インスリン」の名前は耳にしたことがあるのではないでしょうか。これらがバイオ医薬品です。

こうした分野の安定した成長を見込んで、実際に「スパイス的な投資」に向く投資信託として取り上げた「ピクテ・バイオ医薬品ファンド（毎月決算型）為替ヘッジなしコース（リスクと費用については巻末記載）」は最小分散投資という、銘柄の組み合わせや比率を調整することでポートフォリオのリスクを最小に抑えようとする運用手法により、ハイリターンを追求しつつもリスクを最小限にとどめているのです。

図表7－4 ― 新興国株式の値動き(米ドルベース)

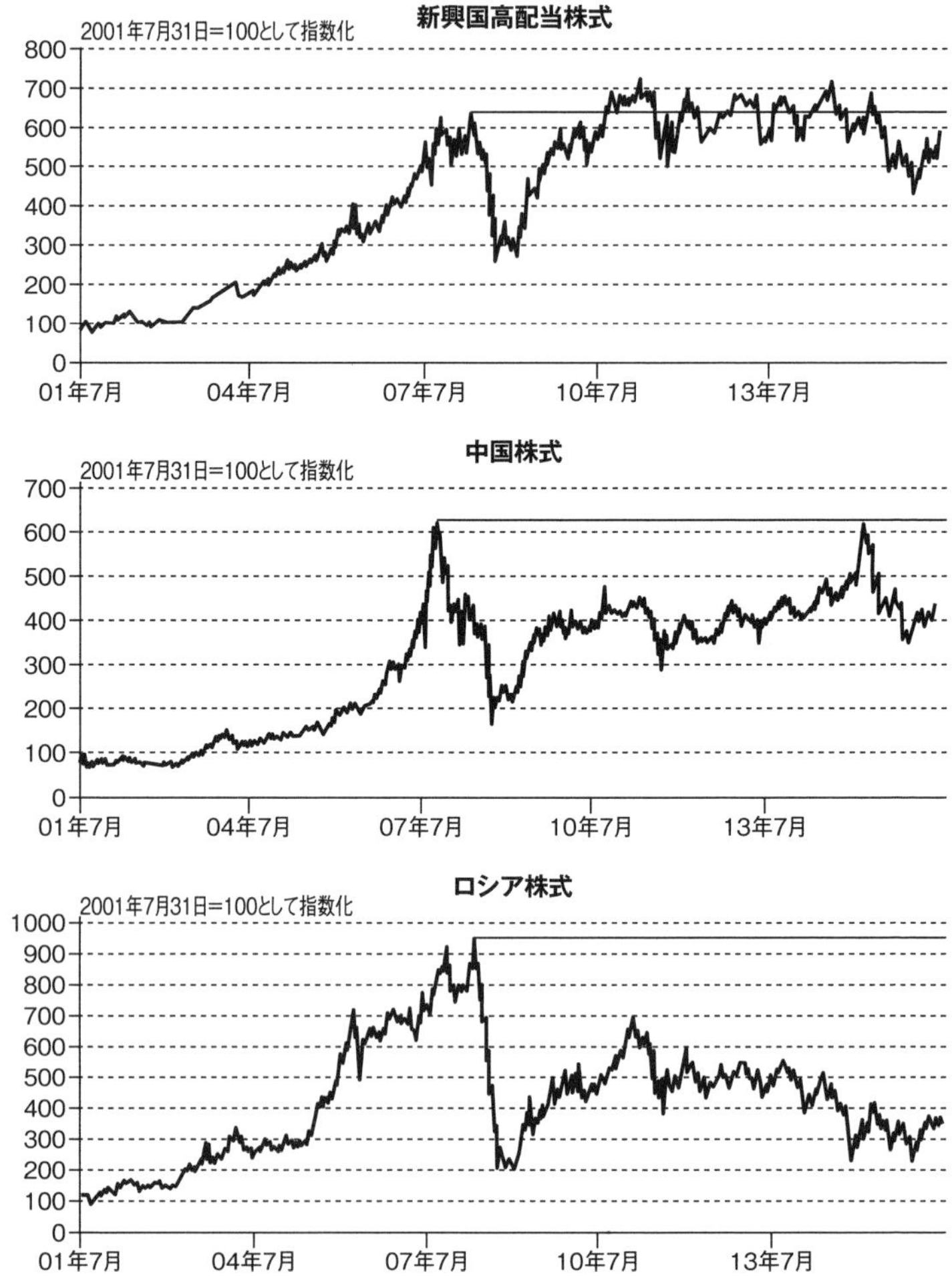

※期間：2001年7月末～2016年7月末
※新興国高配当株式：MSCI新興国高配当株価指数、中国株式：MSCI中国株価指数、ロシア株式：MSCIロシア株価指数（すべて米ドルベース）
出所：トムソン・ロイター・データストリーム、ブルームバーグのデータを使用しピクテ投信投資顧問作成

Chapter

8

投資家は永続的な資産保全を目指すべし

なぜ、ピクテ・グループが２１１年もの長きにわたって続いてきたのか？

これまで述べてきた「欲張らない投資」「ちょっと欲張った投資」「育てる投資」「スパイス的な投資」の考え方で金融資産を構築するアプローチは、すべてピクテのDNAである「投資家の資産を守る」という点からスタートしています。「資産を守る」とは、すなわち物価上昇に勝ち、資産を毀損《きそん》させないように努めることです。

ピクテ・グループではこれを「資産保全」と呼んでいますが、そのDNAが生まれたのは１８０５年、スイスのジュネーブにおいてでした。

以来、顧客の財務・資金調達や商取引に関連したコンサルティングやサポート、顧客の資産に関するアドバイスや管理といった分野に業務を特化させ、１８３０年頃には、顧客の資産を守ることを第一に考え、国内外の株式や債券などに幅広く分散投資する必要性を訴え始めました。ちなみに当時は、他国政府発行のソブリン債、大流行していた富くじ札、国内外企業の普通株式、アイルランド、オルレアン、トリノなどのトンチン年金などへ資産を分散していました。

時代が変わると、「分散投資」のあり方も必然的に変わります。1850年頃には、当時の新興国であるアメリカへの投資が有効でした。スイス、欧州はもちろん、アメリカでも産業が発達し始めたことから、ポートフォリオには北米の鉄道会社の債券や、不動産、鉱山、保険などの会社の株式が数多く組み込まれるようになりました。

それから欧州金融危機（1847年）、イギリス大不況（1873~1896年）、第一次世界大戦（1914~1918年）、世界恐慌（1929年）など、深刻な経済危機が頻発し、極めつきは第二次世界大戦（1939~1945年）です。しかしこうした出来事を経て、ピクテは1950年代から業務を広範囲にわたって展開し始め、1960年代後半になると機関投資家向けの資産管理という新しい事業分野へ進出し、現在に至ります。

資産保全のベースとなる「欲張らない投資」

ここでもう一度、資産保全のベースとなる「欲張らない投資」についておさらいしておきましょう。

「欲張らない投資」は下落リスクを常に意識しつつ、リターンも欲張らない慎重な投資です。リターンや分配金を欲張れば、必然的に潜在的な下落リスクの高い投資信託を選んでしまうことになります。

「欲張らない投資」の候補となる投資信託として、ピクテのマルチアセット・アロケーション戦略の投資信託、クアトロについては、すでにChapter4で触れました。

純資産残高上位300ファンドの大半は、「高リスク」か「中リスク」かに分類されていますが、低リスクに分類されるのは数本の投資信託のみです。もちろん、ピクテの投資信託以外にも、「欲張らない投資」のカテゴリーと言えるものはありますが、それでも絶対数が少ないのが、現在の日本の投資信託の問題だと思っています（参考・91ページ）。

運用会社とアドバイザー選びが重要

個人でポートフォリオを組む時には、全体設計の方針を自分自身でしっかりと決めた上で、それぞれの目的に十分適合した投資信託を選ばなくてはなりません。しかし実はそこが個人にとっては最難関と言えます。5000本以上もある投資信託の中から、リスクレベルを見極め、商品の設計と投資方針を調べ、目的に適った一本を選び出すのは簡単なことではありません。

ピクテの投資信託も含め、多くの投資信託は銀行や証券会社の窓口でアドバイザー

（販売担当者）に相談しながら選ぶことができます。ただし、投資家が全体設計の方針をしっかり持っていないと、単なる売れ筋のお勧めファンドを購入するだけになる可能性があります。それは、買う本人にとってもアドバイザーにとっても、お互い不幸な結果になりかねません。

まずは自分自身でしっかりとした全体方針を考えに考え抜き、その上でその投資信託がどのような哲学を持った運用会社が運用しているか、またその事をしっかりと説明してくれるアドバイザーをいかに選ぶかが実は大変重要です。

今後、日本の個人投資家はそのような資産運用のパートナーと出会えるか否かが「資産保全」を成功させる鍵であると考えています。

全体設計と徹底した分散投資が、資産価値を守り続ける

それにしても、投資には様々なリスクが付いてまわるものです。マーケットは常に上昇・下落を繰り返し変動しています。それにはもちろん説明のつく変動もありますが、なかにはバブルのように説明のつかない変動も数多くあります。

例えば、17世紀にオランダで起こったチューリップバブルでは、珍しいチューリップの球根に家1軒分の値段が付いたと伝えられています。また、18世紀にイギリスの南海会社の株価が急騰した南海泡沫事件では、異常なほどの市場参加者の熱狂に対して、アイザック・ニュートンは「天体の動きなら計算できるが、群衆の狂気は計算できない」と語りました。

市場は生き物であり、明日どのような事態が起こるのかは誰も予測できないのです。一方で、投資対象にも様々なリスクが付きまといます。例えば、突如として価格が予期せぬ方向へ動き出す価格変動リスク、投資対象の国債がデフォルトしたり企業が倒産するといった信用リスク、投資対象とする国に政治・経済・社会情勢の激変が起こり証券市場や為替市場に大きな影響を与えるカントリーリスク、市場規模が縮小したり市場に混乱が生じた時に機動的な売買ができなくなる流動性リスク……これらすべてのリスクを最小化するのは容易なことではありません。

これらのリスクを完全に事前予測することは不可能なのですが、リスクに備える方法は一つだけあります。それが、本書で一貫して説明してきた分散投資と長期投資です。特に「欲張らない投資」に充てるべき投資信託としては、徹底した「超」分散投資が求められます。

投資信託は個人の投資ツールとして優れた商品ですが、日本で販売されているものは高いリスクを取りすぎていると感じています。そのため、マーケットに異変が起こった時に耐えることができずに悲惨な結果を招いてしまうケースが相次ぐのでしょう。

私たちは今、どのような経済環境の中に置かれているのか。それは今後、どの方向へ向かっていくのか。それに備えた資産運用はどうあるべきか。そのヒントを本書から見出していただけたなら幸いです。

すでに見たように、リーマン・ショック時でも、徹底した分散投資を行った「クアトロ」の類似戦略であるマルチアセット・アロケーション戦略は下落するどころか、わずかですがプラスのリターンを上げることができました。これこそが、私が「ピクテ式」と呼ぶ、超分散投資なのです。

おわりに

ピクテは１８０５年にスイス・ジュネーブに会社を創設して以来、一貫して資産運用サービスに従事してきました。

ピクテのルーツはプライベートバンクにあり、当時の王侯貴族から託された資産をインフレや戦禍から守る仕事をしてきました。

宗教改革によって「ジュネーブ共和国」としての宣言がなされ、ジャン・カルヴァンらによる共和政治が行われたジュネーブ、そこで生まれたプライベートバンクというＤＮＡが受け継がれているためか、ピクテの運用に対する考え方は、他の運用会社とは違って独特です。

本書で触れたように、ピクテはキリスト教プロテスタントの一派であるカルヴァン派に多大なる影響を受けて「質素・倹約」を旨とし、誠実さ、勤勉さを美徳としています。そのＤＮＡは現代にも受け継がれており、運用にあたっては顧客の資産をお預かりするというよりは、キリスト教的思想に基づき「受託された大切な資産」として扱う意識が強く働いているように思えます。

それは、戦禍が絶えず、世が乱れやすかった欧州では、何が起こっても守り抜かなければならないものでした。資産を守らねばならない、その強い意志に基づいてピクテは徹底した超分散投資による資産保全という哲学を生み出し、それを実現する手法を構築し、時代の変遷とともに磨き抜いてきました。

「投資」が多くの人にとってより身近なものになった現代では、資産を適切に運用する運用会社、顧客に適した助言を行うアドバイザーの高い能力が求められています。もちろんアドバイザーは投資のスペシャリストではあるのですが、残念ながら、中には自身の扱う商品の仕組みをよく理解していないケースもあるようです。マーケットは刻一刻と変動しています。それに伴って増大・減少するリスクを的確に見極め、投資家の資産を確実に守るには、常に勉強し続ける姿勢が求められます。そこで投資家自身も、大切な資産の運用を任せるにあたって信頼に足るアドバイザーなのかを正しく見極める必要があるのです。

日本経済がインフレ転換を迎え、資産が目減りリスクにさらされている以上、日本人はどうやって資産を守るべきか、どのように投資すればよいのかを伝えたい――そんな思いから本書の執筆がスタートしました。

もちろん、ピクテは成功ばかりを積み重ねてきたわけではありません。211年の歴史の中で、時には失敗の経験もありました。しかし失敗しなければ、学ぶことができず、先へ進むことができません。私たちは失敗の経験を次に生かし、それを積み重ねていくことで、超分散投資に象徴される、時代の変化に耐え得る投資手法を確立してきました。そして今回、これから資産運用に取り組む日本の投資家のために、「欲張らない投資」「ちょっと欲張った投資」「育てる投資」「スパイス的な投資」という全体設計のためのフレームワークを紹介したいと思ったのです。

何度も言うようですが、「歴史は繰り返す」――これは金融情勢の動向においても真理です。これまで私たちピクテ・グループが211年の歴史から学んだ貴重な「経験則」を、一人でも多くの読者が資産を守ることに役立てていただければ、著者として幸甚です。

２０１６年10月吉日　ピクテ投信投資顧問株式会社　代表取締役社長　萩野琢英

【注釈】

ピクテ・マルチアセット・アロケーション・ファンド

愛称　クアトロ

投資リスク

基準価額の変動要因

●ファンドの基準価額は、実質的に組み入れている有価証券等の価格変動により変動し、下落する場合があります。●したがって、投資者の皆様の投資元本が保証されているものではなく、基準価額の下落により、損失を被り、投資元本を割り込むことがあります。ファンドの運用による損益はすべて投資者の皆様に帰属します。また、投資信託は預貯金と異なります。

価格変動リスク、信用リスク

●ファンドは、実質的に株式を対象としますので、ファンドの基準価額は、実質的に組み入れている株式の価格変動の影響を受けます。株式の価格は、政治経済情勢、発行企業の業績・信用状況、市場の需給等を反映して変動し、短期的または長期的に大きく下落することがあります。●ファンドは、実質的公社債を投資対象としますので、ファンドの基準価額は、実質的に組み入れている公社債の価格変動の影響を受けます。一般的に金利が低下した場合には、公社債の価格は上昇する傾向がありますが、金利が上昇した場合には、公社債の価格は下落する傾向があります。●ファンドは、実質的にデリバティブ取引を行うことがありますので、この場合ファンドの基準価額は当該デリバティブ取引の価格変動の影響を受けます。●ファンドは、実質的にＲＥＩＴ、ＭＬＰおよびコモディティ（商品）を投資対象としますので、ファンドの基準価額は、実質的に組み入れているこれらの価格変動の影響を受けます。●有価証券の発行体の財務状況等の悪化により利息や償還金をあらかじめ定められた条件で支払うことができなくなる（債務不履行）場合、または債務不履行に陥ると予想される場合には当該有価証券の価格が下落することがあります。

為替に関するリスク・留意点

●実質組入外貨建資産について、為替ヘッジを行わない場合には、係る外貨建資産は為替変動の影響を受け、円高局面は基準価額の下落要因となります。●また、為替ヘッジを行い為替変動リスクの低減を図る場合がありますが、為替変動リスクを完全に排除できるものではなく、為替変動の影響を受ける場合があります。また、円金利がヘッジ対象通貨の金利より低い場合、当該通貨と円との金利差相当分のヘッジコストがかかることにご留意ください。

ロング・ショート戦略によるリスク

●ファンドは、実質的な組入資産の一部において売建て（ショート）を行うことがありますが、当該売建て資産の価格が上昇した場合は基準価額が下落する要因となります。また、投資戦略の意図に反して、買建て（ロング）資産の価格が下落する一方で、売建て資産の価格が上昇した場合は、想定以上の損失が生じ基準価額が下落することが考えられます。

カントリーリスク

●ファンドが実質的な投資対象地域の一つとする新興国は、一般に政治・経済・社会情勢の変動が先進諸国と比較して大きくなる場合があり、政治不安、経済不況、社会不安が証券市場や為替市場に大きな影響を与えることがあります。その結果、ファンドの基準価額が下落する場合があります。●実質的な投資対象国・地域において、政治・経済情勢の変化により証券市場や為替市場等に混乱が生じた場合、またはそれらの取引に対して新たな規制が設けられた場合には、基準価額が予想外に下落したり、運用方針に沿った運用が困難となる場合があります。この他、当該投資対象国・地域における証券市場を取り巻く制度やインフラストラクチャーに係るリスクおよび企業会計・情報開示等に係るリスク等があります。

取引先リスク

●ファンドは、実質的にデリバティブ取引を行うことがありますが、店頭デリバティブ取引を行う場合には、取引の相手方の倒産等により契約が不履行になるリスクがあります。

流動性リスク

●市場規模の縮小や市場の混乱が生じた場合等には、機動的に有価証券等を売買できない場合があります。このような場合には、当該有価証券等の価格の下落により、ファンドの基準価額が影響を受け損失を被ることがあります。

基準価額の変動要因は上記に限定されるものではありません。

その他の留意点

●ファンドのお取引に関しては、金融商品取引法第37条の6の規定（いわゆるクーリング・オフ）の適用はありません。

ファンドの費用

投資者が直接的に負担する費用

購入時手数料

3・78％（税抜3・5％）の手数料率を上限として、販売会社が独自に定める率を購入価額に乗じて得た額とします。（詳しくは販売会社にてご確認ください）購入時手数料は、投資信託を購入する際の商品等の説明や事務手続等の対価として、販売会社に支払う手数料です。

信託財産留保額

ありません。

投資者が信託財産で間接的に負担する費用

運用管理費用（信託報酬）

毎日、信託財産の純資産総額に年1・107％（税抜1・025％）の率を乗じて得た額とします。運用管理費用（信託報酬）は、毎計算期末または信託終了のとき信託財産中から支払うものとします。

実質的な負担

概算で最大年率2・0％（税込）程度（注）に指定投資信託証券の成功報酬（適用されない場合もあります。）が加算された額となります。（注）ファンドは市場環境により積極的に組入比率の見直しを行いますので、実際の投資信託証券の組入状況により変動します。なお、平成28年3月末日現在の資産配分比率に基づいた試算値は、年率1・61％（税込）程度です。

その他の費用・手数料

信託事務に要する諸費用（信託財産の純資産総額の年率０・０５４％（税抜０・０５％）相当を上限とした額）が毎日計上されます。当該諸費用は、監査法人に支払うファンドの財務諸表の監査に係る費用、目論見書、運用報告書等法定の開示書類の作成等に要する費用等です。組入有価証券等の売買の際に発生する売買委託手数料等および外国における資産の保管等に要する費用等（これらの費用は運用状況等により変動するため、事前に料率、上限額等を示すことができません。）が、そのつど信託財産から支払われます。マザーファンドの投資先ファンドにおいて、信託財産に課される税金、弁護士への報酬、監査費用、有価証券等の売買に係る手数料および借入金の利息等の費用が当該投資先ファンドの信託財産から支払われることがあります。また、購入・換金時に信託財産留保金が購入価格に付加または換金価格から控除されるものがあります。

※当該費用の合計額については、投資者の皆様がファンドを保有される期間等に応じて異なりますので、表示することができません。

ピクテ・グローバル・インカム株式ファンド（毎月分配型）（1年決算型）

投資リスク

基準価額の変動要因

●ファンドは、実質的に株式等に投資しますので、ファンドの基準価額は、実質的に組み入れている株式の価格変動等（外国証券には為替変動リスクもあります。）により変動し、下落する場合があります。●したがって、投資者の皆様の投資元本が保証されているものではなく、基準価額の下落により、損失を被り、投資元本を割り込むことがあります。ファンドの運用による損益はすべて投資者の皆様に帰属します。また、投資信託は預貯金と異なります。

株式投資リスク（価格変動リスク、信用リスク）

●ファンドは、実質的に株式に投資しますので、ファンドの基準価額は、実質的に組入れている株式の価格変動の影響を受けます。●株式の価格は、政治経済情勢、発行企業の業績・信用状況、市場の需給等を反映して変動し、短期的または長期的に大きく下落することがあります。

為替変動リスク

●ファンドは、実質的に外貨建資産に投資するため、対円との為替変動リスクがあります。●円高局面は基準価額の下落要因、円安局面は基準価額の上昇要因となります。

基準価額の変動要因は上記に限定されるものではありません。

その他の留意点

●ファンドのお取引に関しては、金融商品取引法第37条の6の規定（いわゆるクーリング・オフ）の適用はありません。

ファンドの費用

投資者が直接的に負担する費用

購入時手数料

３・７８％（税抜３・５％）の手数料率を上限として、販売会社が独自に定める率を購入価額に乗じて得た額とします。（詳しくは販売会社にてご確認ください）購入時手数料は、投資信託を購入する際の商品等の説明や事務手続等の対価として、販売会社に支払う手数料です。

信託財産留保額

ありません。

投資者が信託財産で間接的に負担する費用

運用管理費用（信託報酬）

毎日、信託財産の純資産総額に年1・188％（税抜1・1％）の率を乗じて得た額とします。運用管理費用（信託報酬）は、「毎月分配型」は毎計算期末または信託終了のとき、「1年決算型」は毎計算期間の最初の6カ月終了日および毎計算期末または信託終了のとき信託財産中から支払うものとします。

実質的な負担

最大年率1・788％（税抜1・7％）程度（この値はあくまでも目安であり、ファンドの実際の投資信託証券の組入状況により変動します。）

その他の費用・手数料

信託事務に要する諸費用（信託財産の純資産総額の年率0・054％（税抜0・05％）相当を上限とした額）が毎日計上されます。当該諸費用は、監査法人に支払うファンドの財務諸表の監査に係る費用、目論見書、運用報告書等法定の開示書類の作成等に要する費用等です。組入有価証券の売買の際に発生する売買委託手数料等および外国における資産の保管等に要する費用等（これらの費用等は運用状況等により変動するため、事前に料率、上限額等を示すことができません。）が、そのつど信託財産から支払われます。投資先ファンドにおいて、信託財産に課される税金、弁護士への報酬、監査費用、有価証券等の売買に係る手数料等の費用が当該投資先ファンドの信託財産から支払われます。

※当該費用の合計額については、投資者の皆様がファンドを保有される期間等に応じて異なりますので、表示することができません。

ピクテ新興国インカム株式ファンド（毎月決算型）（1年決算型）

投資リスク

基準価額の変動要因

●ファンドは、実質的に株式等に投資しますので、ファンドの基準価額は、実質的に組み入れている株式の価格変動等（外国証券には為替変動リスクもあります。）により変動し、下落する場合があります。●したがって、投資者の皆様の投資元本が保証されているものではなく、基準価額の下落により、損失を被り、投資元本を割り込むことがあります。ファンドの運用による損益はすべて投資者の皆様に帰属します。また、投資信託は預貯金と異なります。

株式投資リスク（価格変動リスク、信用リスク）

●ファンドは、実質的に株式に投資しますので、ファンドの基準価額は、実質的に組み入れている株式の価格変動の影響を受けます。●株式の価格は、政治経済情勢、発行企業の業績・信用状況、市場の需給等を反映して変動し、短期的または長期的に大きく下落することがあります。

為替変動リスク

●ファンドは、実質的に外貨建資産に投資するため、対円との為替変動リスクがあります。●円高局面は基準価額の下落要因、円安局面は基準価額の上昇要因となります。

カントリーリスク

●ファンドが実質的な投資対象とする新興国は、一般に政治・経済・社会情勢の変動が先進国と比較して大きくなる場合があり、政治不安、経済不況、社会不安が証券市場や為替市場に大きな影響を与えることがあります。その結果、ファンドの基準価額が下落する場合があります。●実質的な投資対象国・地域において、政治・経済情勢の変化により証券市場や為替市場等に混乱が生じた場合、またはそれらの取引に対して新たな規制が設けられた場合には、基準価額が予想外に下落したり、運用方針に沿った運用が困難となる場合があります。この他、当該投資対象国・地域における証券市場を取り巻く制度やインフラストラクチャーに係るリスクおよび企業会計・情報開示等に係るリスク等があります。

基準価額の変動要因は上記に限定されるものではありません。

その他の留意点

●ファンドのお取引に関しては、金融商品取引法第37条の6の規定（いわゆるクーリング・オフ）の適用はありません。

ファンドの費用

投資者が直接的に負担する費用

購入時手数料

３・２４％（税抜３・０％）の手数料率を上限として、販売会社が独自に定める率を購入価額に乗じて得た額とします。（詳しくは販売会社にてご確認ください。）購入時手数料は、投資信託を購入する際の商品等の説明や事務手続等の対価として、販売会社に支払う手数料です。

信託財産留保額

換金時に換金申込受付日の翌営業日の基準価額に０・３％の率を乗じて得た額が控除されます。

投資者が信託財産で間接的に負担する費用

運用管理費用（信託報酬）

毎日、信託財産の純資産総額に年１・２４２％（税抜１・１５％）の率を乗じて得た額とします。運用管理費用（信託報酬）は、「毎月分配型」は毎計算期末または信託終了のとき、「1年決算型」は毎計算期間の最初の6カ月終了日および毎計算期末または信託終了のとき信託財産中から支払うものとします。

実質的な負担

最大年率１・９９２％（税抜１・９％）程度（この値はあくまでも目安であり、ファンドの実際の投資信託証券の組入状況により変動します。）

その他の費用・手数料

信託事務に要する諸費用（信託財産の純資産総額の年率０・０５４％（税抜０・０５％）相当を上限とした額）が毎日計上されます。当該諸費用は、監査法人に支払うファンドの財務諸表の監査に係る費用、目論見書、運用報告書等法定の開示書類の作成等に要する費用等です。組入有価証券の売買の際に発生する売買委託手数料等および外国における資産の保管等に要する費用等（これらの費用等は運用状況等により変動するため、事前に料率、上限額等を示すことができません。）が、そのつど信託財産から支払われます。投資先ファンドにおいて、信託財産に課される税金、弁護士への報酬、監査費用、有価証券等の売買に係る手数料等の費用が当該投資先ファンドの信託財産から支払われます。

※当該費用の合計額については、投資者の皆様がファンドを保有される期間等に応じて異なりますので、表示することができません。

収益分配金に関する留意事項

●分配金は、預貯金の利息とは異なり、投資信託の純資産から支払われますので、分配金が支払われると、その金額相当分、基準価額は下がります。●分配金は、計算期間中に発生した収益（経費控除後の配当等収益および評価益を含む売買益）を超えて支払われる場合があります。その場合、当期決算日の基準価額は前期決算日と比べて下落することになります。また、分配金の水準は、必ずしも計算期間におけるファンドの収益率を示すものではありません。●投資者のファンドの購入価額によっては、分配金の一部または全部が、実質的には元本の一部払戻しに相当する場合があります。ファンド購入後の運用状況により、分配金額より基準価額の値上がりが小さかった場合も同様です。

当資料をご利用にあたっての注意事項等

●当資料はピクテ投信投資顧問株式会社が作成した販売用資料であり、金融商品取引法に基づく開示書類ではありません。取得の申込みにあたっては、投資信託説明書（交付目論見書）等をお渡ししますので必ず内容をご確認の上、ご自身でご判断ください。●投資信託は、値動きのある有価証券等（外貨建資産に投資する場合は、為替変動リスクもあります。）に投資いたしますので、基準価額は変動します。したがって、投資者の皆様の投資元本が保証されているものではなく、基準価額の下落により、損失を被り、投資元本を割り込むことがあります。●運用による損益は、すべて投資者の皆様に帰属します。●当資料に記載された過去の実績は、将来の運用成果等を示唆あるいは保証するものではありません。●当資料は信頼できると考えられる情報に基づき作成されていますが、その正確性、完全性、使用目的への適合性を保証するものではありません。●当資料中に示された情報等は、作成日現在のものであり、事前の連絡なしに変更されることがあります。●投資信託は預金等ではなく元本および利回りの保証はありません。●投資信託は、預金や保険契約と異なり、預金保険機構・保険契約者保護機構の保護の対象ではありません。●登録金融機関でご購入いただいた投資信託は、投資者保護基金の対象とはなりません。●当資料に掲載されているいかなる情報も、法務、会計、税務、経営、投資その他に係る助言を構成するものではありません。※ＭＳＣＩ指数は、ＭＳＣＩが開発した指数です。同指数に対する著作権、知的所有権その他一切の権利はＭＳＣＩに帰属します。またＭＳＣＩは、同指数の内容を変更する権利および公表を停止する権利を有しています。

お申込みの際は必ず「投資信託説明書（交付目論見書）」等をご覧ください。

ピクテ・グローバル・インカム株式ファンド（毎月分配型）円コース

愛称　グロイン・マイルド

投資リスク

基準価額の変動要因

ファンドは、実質的に株式等に投資しますので、ファンドの基準価額は、実質的に組入れている株式の価格変動等（外国証券には為替変動リスクもあります。）により変動し、下落する場合があります。したがって、投資者の皆様の投資元本が保証されているものではなく、基準価額の下落により、損失を被り、投資元本を割り込むことがあります。ファンドの運用による損益はすべて投資者の皆様に帰属します。また、投資信託は預貯金と異なります。

株式投資リスク（価格変動リスク、信用リスク）

ファンドは、実質的に株式に投資しますので、ファンドの基準価額は、実質的に組入れている株式の価格変動の影響を受けます。

株式の価格は、政治経済情勢、発行企業の業績・信用状況、市場の需給等を反映して変動し、短期的または長期的に大きく下落することがあります。

為替に関する留意点

主要投資先ファンドにおいては、原則として対円での為替ヘッジを行い為替変動リスクの低減を図りますが、為替変動リスクを完全に排除できるものではありません。現地通貨による直接ヘッジが困難な一部の通貨については、当該現地通貨との連動性等を勘案し、先進国通貨等を用いた代替ヘッジを行う場合があります。また、一部の通貨（特に為替規制を行っている通貨）については、市場で取引もしくは公表されている金利と大きく乖離した金利水準をもとに取引されている場合があります。これらの場合、十分な為替ヘッジ効果が得られないことがあります。為替ヘッジ手段がない等の理由から為替ヘッジを行わない場合には、部分的に為替変動の影響を直接受けることが想定されます。円金利がヘッジ対象通貨の金利より低い場合、当該通貨と円との金利差相当分のヘッジコストがかかることにご留意ください。

基準価額の変動要因は上記に限定されるものではありません。

その他の留意点

ファンドのお取引に関しては、金融商品取引法第37条の6の規定（いわゆるクーリング・オフ）の適用はありません。

ファンドの費用

投資者が直接的に負担する費用

購入時手数料

3・78％（税抜3・5％）の手数料率を上限として、販売会社が独自に定める率を購入価額に乗じて得た額とします。（詳しくは、販売会社にてご確認ください。）購入時手数料は、投資信託を購入する際の商品等の説明や事務手続等の対価として、販売会社に支払う手数料です。

信託財産留保額

ありません。

投資者が信託財産で間接的に負担する費用

運用管理費用（信託報酬）

毎日、信託財産の純資産総額に年1・188％（税抜1・1％）の率を乗じて得た額とします。

運用管理費用（信託報酬）は、毎計算期末または信託終了のとき信託財産中から支払うものとします。

実質的な負担

最大年率1・788％（税抜1・7％）程度（この値はあくまでも目安であり、ファンドの実際の投資信託証券の組入状況により変動します。）

その他の費用・手数料

信託事務に要する諸費用（信託財産の純資産総額の年率0・054％（税抜0・05％）相当を上限とした額）が毎日計上されます。当該諸費用は、監査法人に支払うファンドの財務諸表の監査に係る費用、目論見書、運用報告書等法定の開示書類の作成等に要する費用等です。組入有価証券の売買の際に発生する売買委託手数料等および外国における資産の保管等に要する費用等（これらの費用等は運用状況等により変動するため、事前に料率、上限額等を示すことができません。）が、そのつど信託財産から支払われます。投資先ファンドにおいて、信託財産に課される税金、弁護士への報酬、監査費用、有価証券等の売買に係る手数料等の費用が当該投資先ファンドの信託財産から支払われます。

ピクテ・ハイインカム・ソブリン・ファンド（毎月決算型）為替ヘッジコース

愛称　円の贈り物

投資リスク

基準価額の変動要因

ファンドは、実質的に公社債等に投資しますので、ファンドの基準価額は、実質的に組入れている公社債の価格変動等（外国証券には為替変動リスクもあります。）により変動し、下落する場合があります。したがって、投資者の皆様の投資元本が保証されているものではなく、基準価額の下落により、損失を被り、投資元本を割り込むことがあります。ファンドの運用による損益はすべて投資者の皆様に帰属します。また、投資信託は預貯金と異なります。

金利変動リスク

金利変動リスクとは、金利変動により債券の価格が変動するリスクをいいます。一般的に債券の価格は金利が低下した場合には上昇する傾向がありますが、金利が上昇した場合には下落する傾向があります。債券価格が下落した場合には、ファンドの基準価額が影響を受け損失を被ることがあります。

信用リスク

信用リスクとは、債券の発行体の財務状況等の悪化により利息や償還金をあらかじめ定められた条件で支払うことができなくなるリスク（債務不履行）、または債務不履行に陥ると予想される場合に債券の価格が下落するリスクをいいます。これらの場合には、ファンドの基準価額が影響を受け損失を被ることがあります。

新興国債券への投資に伴うリスク

●新興国債券は信用格付がより上位の債券に比べて通常高い利回りを提供する一方、債券価格がより大きく変動することがあります。●一般に先進国の証券市場に比べ、債券の発行体等に対する投資者の権利保全措置や投資者の権利を迅速かつ公正に実現、執行する裁判制度が未発達であると考えられ、元利金支払いの不履行および遅延が生じた場合、投資資金の回収が困難になる可能性も含まれます。●外国証券へ投資する場合には、証券市場が混乱し、債券価格が大きく変動する可能性があります。※その他、状況によっては、投資判断に際して正確な情報を十分確保できない場合や、保有債券を市場実勢から期待される価格で売却できない場合などがあります。

為替変動リスク・留意点

実質組入外貨建資産については、原則として対円での為替ヘッジを行い為替変動リスクの低減を図りますが、為替変動リスクを完全に排除できるものではなく、為替変動の影響を受ける場合があります。円金利がヘッジ対象通貨の金利より低い場合、当該通貨と円との金利差相当分のヘッジコストがかかることにご留意ください。

有価証券先物取引等に伴うリスク

ファンドは、有価証券先物取引等を利用することがありますので、このような場合には、ファンドの基準価額は有価証券先物取引等の価格変動の影響を受けます。

基準価額の変動要因は上記に限定されるものではありません。

その他の留意点

●ファンドのお取引に関しては、金融商品取引法第37条の6の規定（いわゆるクーリング・オフ）の適用はありません。

ファンドの費用

投資者が直接的に負担する費用

購入時手数料

3・24％（税抜3・0％）の手数料率を上限として、販売会社が独自に定める率を発行価格に乗じて得た額とします。詳しくは、販売会社にてご確認ください。購入時手数料は、投資信託を購入する際の商品等の説明や事務手続等の対価として、販売会社に支払う手数料です。

信託財産留保額

換金時に換金申込受付日の翌営業日の基準価額に0・3％の率を乗じて得た額が控除されます。

投資者が信託財産で間接的に負担する費用

運用管理費用（信託報酬）

毎日、信託財産の純資産総額に年2・052％（税抜1・9％）の率を乗じて得た額とします。運用管理費用（信託報酬）は、毎計算期末または信託終了のとき信託財産中から支払うものとします。

その他の費用・手数料

信託事務に要する諸費用（信託財産の純資産総額の年率0・0

54％（税抜0・05％）相当を上限とした額）が毎日計上されます。当該諸費用は、監査法人に支払うファンドの財務諸表の監査に係る費用、目論見書、運用報告書等法定の開示書類の作成等に要する費用等です。組入有価証券の売買の際に発生する売買委託手数料等および外国における資産の保管等に要する費用等（これらの費用等は運用状況等により変動するため、事前に料率、上限額等を示すことができません。）が、そのつど信託財産から支払われます。

ｉＴｒｕｓｔ世界株式

基準価額の変動要因

ファンドは、実質的に株式等に投資しますので、ファンドの基準価額は、実質的に組入れている株式の価格変動等（外国証券には為替変動リスクもあります。）により変動し、下落する場合があります。したがって、投資者の皆様の投資元本が保証されているものではなく、基準価額の下落により、損失を被り、投資元本を割り込むことがあります。ファンドの運用による損益はすべて投資者の皆様に帰属します。また、投資信託は預貯金と異なります。

株式投資リスク（価格変動リスク、信用リスク）

ファンドは、実質的に株式に投資しますので、ファンドの基準価額は、実質的に組入れている株式の価格変動の影響を受けます。株式の価格は、政治経済情勢、発行企業の業績・信用状況、市場の需給等を反映して変動し、短期的または長期的に大きく下落することがあります。

為替変動リスク

ファンドは、実質的に外貨建資産に投資するため、対円との為替変動リスクがあります。円高局面は基準価額の下落要因、円安局面は基準価額の上昇要因となります。基準価額の変動要因は上記に限定されるものではありません。

基準価額の変動要因は上記に限定されるものではありません。

その他の留意点

ファンドのお取引に関しては、金融商品取引法第37条の6の規定（いわゆるクーリング・オフ）の適用はありません。

ファンドの費用

投資者が直接的に負担する費用

購入時手数料　ありません。

信託財産留保額　ありません。

投資者が信託財産で間接的に負担する費用

運用管理費用（信託報酬）

毎日、信託財産の純資産総額に年0・9612％（税抜0・89％）の率を乗じて得た額とします。運用管理費用（信託報酬）は、毎計算期間の最初の6ヵ月終了日（当該終了日が休業日の場合は当該終了日の翌営業日）および毎計算期末または信託終了のとき信託財産中から支払うものとします。

その他の費用・手数料

信託事務に要する諸費用（信託財産の純資産総額の年率0・054％（税抜0・05％）相当を上限とした額）が毎日計上されます当該諸費用は、監査法人に支払うファンドの財務諸表の監査に係る費用、目論見書、運用報告書等法定の開示書類の作成等に要する費用等です。組入有価証券の売買の際に発生する売買委託手数料等および外国における資産の保管等に要する費用等（これらの費用等は運用状況等により変動するため、事前に料率、上限額等を示すことができません。）が、そのつど信託財産から支払われます。

ｉＴｒｕｓｔバイオ　追加型投信／内外／株式

投資リスク

基準価額の変動要因

ファンドは、実質的に株式等に投資しますので、ファンドの基準価額は、実質的に組入れている株式の価格変動等（外国証券には為替変動リスクもあります。）により変動し、下落する場合があります。したがって、投資者の皆様の投資元本が保証されているものではなく、基準価額の下落により、損失を被り、投資元本を割り込むことがあります。ファンドの運用による損益はすべて投資者の皆様に帰属します。また、投資信託は預貯金と異なります。

株式投資リスク（価格変動リスク、信用リスク）

特定の業種・テーマに絞った銘柄選定を行いますので、平均的な株式市場の動きと比べて異なる動きをする場合やその価格変動が大きい場合があります。また、未上場・未登録の株式の組入れを行うこともありますが、これらの株式は流動性が上場株式に比べて著しく劣る場合があり、価格変動が極めて大きい場合があります。組入れた株式の発行会社の経営・財務状況の変化およびそれらに関する外部評価の変化等により、投資元本を割り込むことがあります。

為替変動リスク

ファンドは、実質的に外貨建資産に投資するため、対円との為替変動リスクがあります。円高局面は基準価額の下落要因、円安局面は基準価額の上昇要因となります。基準価額の変動要因は上記に限定されるものではありません。基準価額の変動要因は上記に限定されるものではありません。

その他の留意点

ファンドのお取引に関しては、金融商品取引法第３７条の６の規定（いわゆるクーリング・オフ）の適用はありません。

ファンドの費用

投資者が直接的に負担する費用

購入時手数料　ありません。

信託財産留保額　ありません。

投資者が信託財産で間接的に負担する費用

運用管理費用（信託報酬）

毎日、信託財産の純資産総額に年１・４３６４％（税抜１・３３％）の率を乗じて得た額とします。運用管理費用（信託報酬）は、毎計算期間の最初の６ヵ月終了日（当該終了日が休業日の場合は当該終了日の翌営業日）および毎計算期末または信託終了のとき信託財産中から支払うものとします。

その他の費用・手数料

信託事務に要する諸費用（信託財産の純資産総額の年率０・０５４％（税抜０・０５％）相当を上限とした額）が毎日計上されます。当該諸費用は、監査法人に支払うファンドの財務諸表の監査に係る費用、目論見書、運用報告書等法定の開示書類の作成等に要する費用等です。組入有価証券の売買の際に発生する売買委託手数料等および外国における資産の保管等に要する費用等（これらの費用等は運用状況等により変動するため、事前に料率、上限額等を示すことができません。）が、そのつど信託財産から支払われます。

ｉＴｒｕｓｔロボ

投資リスク

基準価額の変動要因

ファンドは、実質的に株式等に投資しますので、ファンドの基準価額は、実質的に組入れている株式の価格変動等（外国証券には為替変動リスクもあります。）により変動し、下落する場合があります。したがって、投資者の皆様の投資元本が保証されているものではなく、基準価額の下落により、損失を被り、投資元本を割り込むことがあります。ファンドの運用による損益はすべて投資者の皆様に帰属します。また、投資信託は預貯金と異なります。株式投資リスク（価格変動リスク、信用リスク）

ファンドは、実質的に株式に投資しますので、ファンドの基準価額は、実質的に組入れている株式の価格変動の影響を受けます。株式の価格は、政治経済情勢、発行企業の業績・信用状況、市場の需給等を反映して変動し、短期的または長期的に大きく下落することがあります。特定の業種・テーマに絞った銘柄選定を行いますので、平均的な株式市場の動きと比べて異なる動きをする場合やその価格変動が大きい場合があります。

為替変動リスク

ファンドは、実質的に外貨建資産に投資するため、対円との為替変動リスクがあります。円高局面は基準価額の下落要因、円安局面は基準価額の上昇要因となります。基準価額の変動要因は上記に限定されるものではありません。

基準価額の変動要因は上記に限定されるものではありません。

その他の留意点

ファンドのお取引に関しては、金融商品取引法第３７条の６の規定（いわゆるクーリング・オフ）の適用はありません。

ファンドの費用

投資者が直接的に負担する費用

購入時手数料　ありません。

信託財産留保額　ありません。

投資者が信託財産で間接的に負担する費用

運用管理費用（信託報酬）

毎日、信託財産の純資産総額に年１・４３６４％（税抜１・３３％）の率を乗じて得た額とします。運用管理費用（信託報酬）は、毎計算期間の最初の６ヵ月終了日（当該終了日が休業日の場合は当該終了日の翌営業日）および毎計算期末または信託終了のとき信託財産中から支払うものとします。

その他の費用・手数料

信託事務に要する諸費用（信託財産の純資産総額の年率０・０５４％（税抜０・０５％）相当を上限とした額）が毎日計上されます。当該諸費用は、監査法人に支払うファンドの財務諸表の監査に係る費用、目論見書、運用報告書等法定の開示書類の作成等に要する費用等です。組入有価証券の売買の際に発生する売買委託手数料等および外国における資産の保管等に要する費用等（これらの費用等は運用状況等により変動するため、事前に料率、上限額等を示すことができません。）が、そのつど信託財産から支払われます。

ｉＴｒｕｓｔ日本株式　追加型投信／国内／株式

投資リスク

基準価額の変動要因

ファンドは、実質的に株式等に投資しますので、ファンドの基準価額は、実質的に組入れている株式の価格変動等により変動し、下落する場合があります。したがって、投資者の皆様の投資元本が保証されているものではなく、基準価額の下落により、損失を被り、投資元本を割り込むことがあります。ファンドの運用による損益はすべて投資者の皆様に帰属します。また、投資信託は預貯金と異なります。

株式投資リスク（価格変動リスク、信用リスク）

ファンドは、実質的に株式に投資しますので、ファンドの基準価額は、実質的に組入れている株式の価格変動の影響を受けます。株式の価格は、政治経済情勢、発行企業の業績・信用状況、市場の需給等を反映して変動し、短期的または長期的に大きく下落することがあります。株式の発行者に経営不振もしくは債務不履行等が生じた場合、またはそれらが予想される局面となった場合には、当該株式の価格は大きく下落することがあります。このような場合には、ファンドの基準価額が影響を受け損失を被ることがあります。基準価額の変動要因は上記に限定されるものではありません。

その他の留意点

ファンドのお取引に関しては、金融商品取引法第３７条の６の規定（いわゆるクーリング・オフ）の適用はありません。

ファンドの費用

投資者が直接的に負担する費用

購入時手数料　ありません。

信託財産留保額　ありません。

投資者が信託財産で間接的に負担する費用

運用管理費用（信託報酬）

毎日、信託財産の純資産総額に年０・９６１２％（税抜０・８９％）の率を乗じて得た額とします。運用管理費用（信託報酬）は、毎計算期間の最初の６ヵ月終了日（当該終了日が休業日の場合は当該終了日の翌営業日）および毎計算期末または信託終了のとき信託財産中から支払うものとします。

その他の費用・手数料

信託事務に要する諸費用（信託財産の純資産総額の年率０・０５４％（税抜０・０５％）相当を上限とした額）が毎日計上さ

れます。当該諸費用は、監査法人に支払うファンドの財務諸表の監査に係る費用、目論見書、運用報告書等法定の開示書類の作成等に要する費用等です。組入有価証券の売買の際に発生する売買委託手数料等（これらの費用等は運用状況等により変動するため、事前に料率、上限額等を示すことができません。）が、そのつど信託財産から支払われます。

ピクテ・メジャー・プレイヤーズ・ファンド（3ヵ月決算型）

投資リスク

基準価額の変動要因

ファンドは、実質的に株式等に投資しますので、ファンドの基準価額は、実質的に組入れている株式の価格変動等（外国証券には為替変動リスクもあります。）により変動し、下落する場合があります。したがって、投資者の皆様の投資元本が保証されているものではなく、基準価額の下落により、損失を被り、投資元本を割り込むことがあります。ファンドの運用による損益はすべて投資者の皆様に帰属します。また、投資信託は預貯金と異なります。

株式投資リスク（価格変動リスク、信用リスク）

ファンドは、実質的に株式に投資しますので、ファンドの基準価額は、実質的に組入れている株式の価格変動の影響を受けます。株式の価格は、政治経済情勢、発行企業の業績・信用状況、市場の需給等を反映して変動し、短期的または長期的に大きく下落することがあります。

為替変動リスク

ファンドは、実質的に外貨建資産に投資するため、対円との為替変動リスクがあります。円高局面は基準価額の下落要因、円安局面は基準価額の上昇要因となります。基準価額の変動要因は上記に限定されるものではありません。

その他の留意点

ファンドのお取引に関しては、金融商品取引法第37条の6の規定（いわゆるクーリング・オフ）の適用はありません。

ファンドの費用

投資者が直接的に負担する費用

購入時手数料

3・24％（税抜3・0％）の手数料率を上限として、販売会社が独自に定める率を購入価額に乗じて得た額とします。（詳しくは、販売会社にてご確認ください。）購入時手数料は、投資信託を購入する際の商品等の説明や事務手続等の対価として、販売会社に支払う手数料です。

信託財産留保額

ありません。

投資者が信託財産で間接的に負担する費用

運用管理費用（信託報酬）

毎日、信託財産の純資産総額に年1・62％（税抜1・5％）の率を乗じて得た額とします。運用管理費用（信託報酬）は、毎計算期末または信託終了のとき信託財産中から支払うものとします。

その他の費用・手数料

信託事務に要する諸費用（信託財産の純資産総額の年率０・０５４％（税抜０・０５％）相当を上限とした額）が毎日計上されます。当該諸費用は、監査法人に支払うファンドの財務諸表の監査に係る費用、目論見書、運用報告書等法定の開示書類の作成等に要する費用等です。組入有価証券の売買の際に発生する売買委託手数料等および外国における資産の保管等に要する費用等（これらの費用等は運用状況等により変動するため、事前に料率、上限額等を示すことができません。）が、そのつど信託財産から支払われます。

ピクテ・バイオ医薬品ファンド（毎月決算型）為替ヘッジなしコース

投資リスク

基準価額の変動要因

ファンドは、実質的に株式等に投資しますので、ファンドの基準価額は、実質的に組入れている株式の価格変動等（外国証券には為替変動リスクもあります。）により変動し、下落する場合があります。したがって、投資者の皆様の投資元本が保証されているものではなく、基準価額の下落により、損失を被り、投資元本を割り込むことがあります。ファンドの運用による損益はすべて投資者の皆様に帰属します。また、投資信託は預貯金と異なります。

株式投資リスク（価格変動リスク、信用リスク）

特定の業種・テーマに絞った銘柄選定を行いますので、平均的な株式市場の動きと比べて異なる動きをする場合やその価格変動が大きい場合があります。また、未上場・未登録の株式の組入れを行うこともありますが、これらの株式は流動性が上場株式に比べて著しく劣る場合があり、価格変動が極めて大きい場合があります。組入れた株式の発行会社の経営・財務状況の変化およびそれらに関する外部評価の変化等により、投資元本を割り込むことがあります。

為替変動リスク

ファンドは、実質的に外貨建資産に投資するため、対円との為替変動リスクがあります。円安局面は基準価額の上昇要因、円高局面は基準価額の下落要因となります。基準価額の変動要因は上記に限定されるものではありません。

その他の留意点

ファンドのお取引に関しては、金融商品取引法第３７条の６の規定（いわゆるクーリング・オフ）の適用はありません。

ファンドの費用

投資者が直接的に負担する費用

購入時手数料

３・２４％（税抜３・０％）の手数料率を上限として、販売会社が独自に定める率を購入価額に乗じて得た額とします。（詳しくは、販売会社にてご確認ください。）購入時手数料は、投資信託を購入する際の商品等の説明や事務手続等の対価として、販売会社に支払う手数料です。

信託財産留保額　ありません。

投資者が信託財産で間接的に負担する費用

運用管理費用（信託報酬）

毎日、信託財産の純資産総額に年２・０５２％（税抜１・９％）の率を乗じて得た額とします。運用管理費用（信託報酬）は、毎計算期末または信託終了のとき信託財産中から支払うものとします。

その他の費用・手数料

監査費用が毎日計上されます。当該費用はファンドの財務諸表の監査に係る費用です。組入有価証券の売買の際に発生する売買委託手数料等および外国における資産の保管等に要する費用等（これらの費用等は運用状況等により変動するため、事前に料率、上限額等を示すことができません。）が、そのつど信託財産から支払われます。

収益分配金に関する留意事項

分配金は、預貯金の利息とは異なり、投資信託の純資産から支払われますので、分配金が支払われると、その金額相当分、基準価額は下がります。

投資信託で分配金が支払われるイメージ

分配金は、計算期間中に発生した収益（経費控除後の配当等収益および評価益を含む売買益）を超えて支払われる場合があります。その場合、当期決算日の基準価額は前期決算日と比べて下落することになります。また、分配金の水準は、必ずしも計算期間におけるファンドの収益率を示すものではありません。

計算期間中に発生した収益を超えて支払われる場合

前期決算日から基準価額が上昇した場合　　前期決算日から基準価額が下落した場合

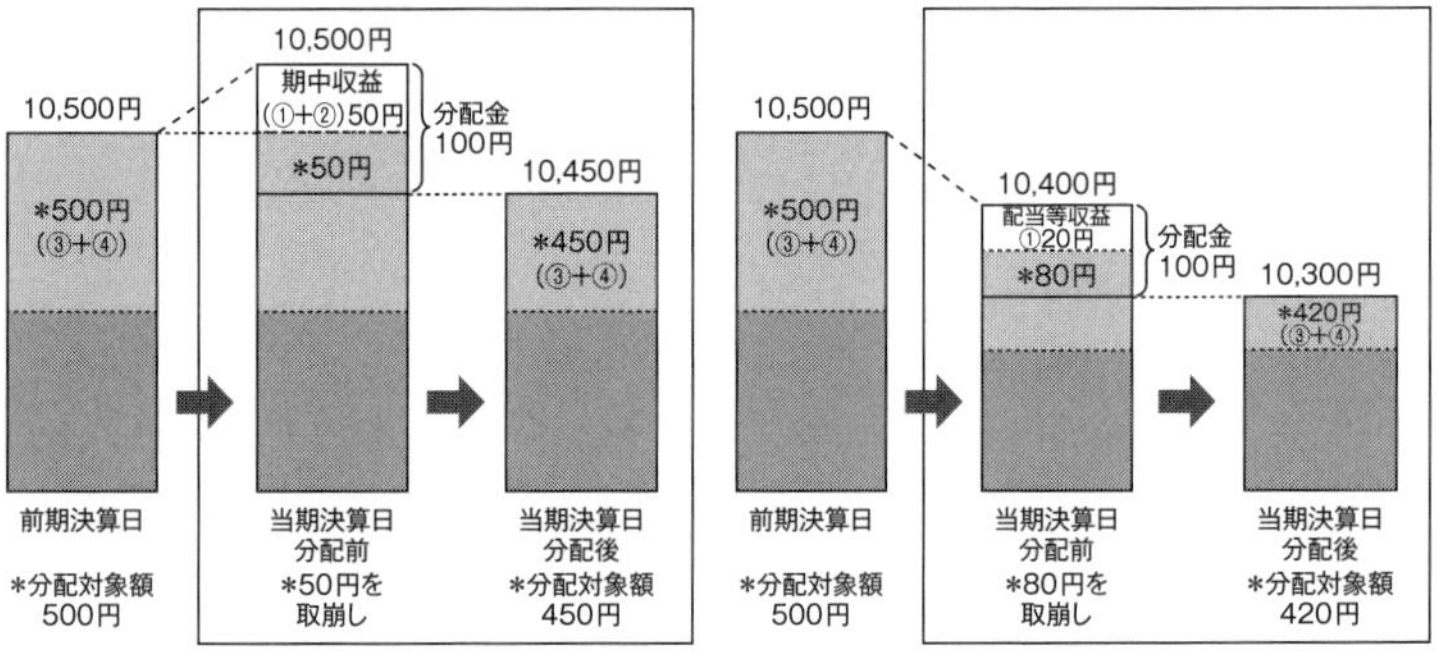

（注）分配対象額は、①経費控除後の配当等収益および②経費控除後の評価益を含む売買益ならびに③分配準備積立金および④収益調整金です。分配金は、分配方針に基づき、分配対象額から支払われます。
※上記はイメージであり、実際の分配金額や基準価額を示唆するものではありませんのでご留意ください。

投資者のファンドの購入価額によっては、分配金の一部または全部が、実質的には元本の一部払戻しに相当する場合があります。ファンド購入後の運用状況により、分配金額より基準価額の値上がりが小さかった場合も同様です。

分配金の一部が元本の一部払戻しに相当する場合

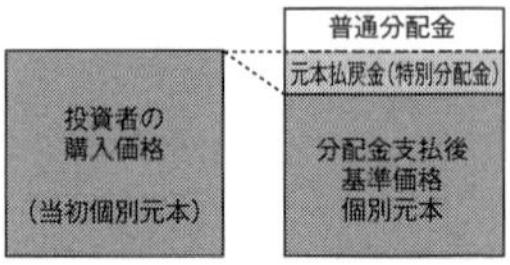

※元本払戻金（特別分配金）は実質的に元本の一部払戻しとみなされ、その金額だけ個別元本が減少します。また、元本払戻金（特別分配金）部分は非課税扱いとなります。

分配金の全部が元本の一部払戻しに相当する場合

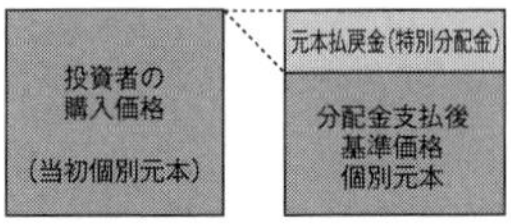

普通分配金：個別元本（投資者のファンドの購入価額）を上回る部分からの分配金です。
元本払戻金（特別分配金）：個別元本を下回る部分からの分配金です。分配後の投資者の個別元本は、元本払戻金（特別分配金）の額だけ減少します。

（注）普通分配金に対する課税については、後掲「手続・手数料等」の「ファンドの費用・税金」をご参照ください。

商号：ピクテ投信投資顧問株式会社
金融商品取引業者登録番号：関東財務局長（金商）第380号
加入協会：一般社団法人投資信託協会
　　　　　一般社団法人日本投資顧問業協会

萩野琢英（はぎの　たくひで）

ピクテ投信投資顧問株式会社 代表取締役社長。

日本の大手証券会社に入社後、海外投資顧問部業務を経てロンドンおよびアメリカ現地法人に勤務。通算10年以上にわたり欧米の機関投資家から運用に関する知識や考え方を実体験を通じて学ぶ。その後、2000年に現ピクテ投信投資顧問に入社し、日本で年金、投資信託、商品開発業務に携わる。2007年からはスイス・ジュネーブの本社にて商品開発、マーケティング業務に従事。 帰国後、2011年12月に日本法人の代表取締役社長に就任。投資信託が日本でも「資産」として長く保有されるようになることを志し、経営にあたる。ピクテ・グループ・エクイティー・パートナー。日本証券アナリスト協会検定会員（CMA）。

211年の歴史が生んだ
ピクテ式投資セオリー

2016年10月31日　第1刷発行

著　者　　萩野琢英
発行人　　久保田貴幸

発行元　　株式会社 幻冬舎メディアコンサルティング
〒151-0051　東京都渋谷区千駄ヶ谷4-9-7
電話03-5411-6440（編集）

発売元　　株式会社 幻冬舎
〒151-0051　東京都渋谷区千駄ヶ谷4-9-7
電話03-5411-6222（営業）

印刷・製本　シナノ書籍印刷株式会社

検印廃止

ISBN 978-4-344-97366-4　C0034
幻冬舎メディアコンサルティングHP
http://www.gentosha-mc.com/